陈慧娜　张　峰　总主编

图书馆里的中国故事

探秘藏书楼

李莹菲　黄星宇

著

上海交通大学出版社
SHANGHAI JIAO TONG UNIVERSITY PRESS

内容提要

　　本书是"图书馆里的中国故事"系列之一，通过一个个精彩的故事，带领读者走进了中国古代各个时期的著名藏书楼，如皇家藏书楼的雏形——龟室、内有乾坤的故宫藏书楼——文渊阁、历史最悠久的私家藏书楼——天一阁等。每个朝代的藏书楼都有其独特的故事和意义，这些内容都在书中得到了生动展现。通过本书，读者不仅可以了解到中国古代各个朝代藏书楼的存在和意义，还能深入探索其中蕴含的文化内涵。本书适合对中国文化感兴趣的读者，包括学生、教育工作者、研究人员等阅读。

图书在版编目（CIP）数据

　　探秘藏书楼 / 李莹菲，黄星宇著 . -- 上海：上海
交通大学出版社，2025.1 --（图书馆里的中国故事 / 陈
慧娜，张峰主编）. --ISBN 978-7-313-31731-5

　　I . G259.29

　　中国国家版本馆 CIP 数据核字第 20247XP884 号

探秘藏书楼

TANMI CANGSHULOU

著　　者：	李莹菲　黄星宇			
出版发行：	上海交通大学出版社	地　　址：	上海市番禺路 951 号
邮政编码：	200030	电　　话：	021-64071208
印　　制：	浙江天地海印刷有限公司	经　　销：	全国新华书店
开　　本：	710 mm × 1000 mm　1/16	印　　张：	7.5
字　　数：	82 千字			
版　　次：	2025 年 1 月第 1 版	印　　次：	2025 年 1 月第 1 次印刷
书　　号：	ISBN 978-7-313-31731-5			
定　　价：	68.00 元			

丛书序言

阿根廷作家豪尔赫·路易斯·博尔赫斯曾说："如果有天堂，那应该是图书馆的模样。"

图书馆作为社会文明传承的重要组成部分，一直以来在传承中华文明方面发挥着重要作用。一个国家，一个民族，其文化要得到传承，从古至今、代代相传的典籍是重要的表现形式和传承手段。从图画文字到甲骨刻字，从竹简典籍到羊皮书卷……典籍中不仅仅有文字的传承，更饱含一代又一代圣人先贤的人生智慧。图书馆作为典籍存藏的重要场所，如同一个蕴藏人类知识的宝库，时至今日，依旧焕发着勃勃生机，发挥着它传承文明、服务社会的重要作用。

对于孩子们而言，图书馆并不陌生，但是图书馆里就只有书吗？过去的"图书馆"是什么样子？图书馆里有哪些有趣的故事？图书馆里的书为什么会有一个特殊的标记呢？这些标记有什么含义和作用？

带着一个又一个的问题，孩子们可以通过阅读这套书中有趣的故事，去感悟图书馆，去体味图书馆存在的价值与意义。在这里，孩子们可以透过自己的眼睛，穿越古今，与古代先贤对话，向当代鸿儒求教。

诚然，当代的图书馆在信息技术的加持下，早已今非昔比。智慧终端、移动存储的使用，都在不断扩展着图书馆的服务半径，提升着图书馆的服务体验。图书馆里有乾坤，透过图书馆这个微缩景观，我们可以一窥人类文明的发展，一探中国文化的变迁。

古人云：开卷有益。儿童时期是人的一生中极为重要的阶段之一。儿童拥有天然的好奇心和想象力，拥有探索世界的勇气，在他们的世界观、人生观、价值观形成的阶段，遇到图书馆，遇到经典典籍，对于他们完整人格的塑造、丰富文化底蕴的培养，都将大有裨益。为此，我们特别邀请到图书馆的专业人员为小读者们撰写了这套书。丛书分别围绕图书的由来、图书馆的前世——藏书楼、现当代图书馆、名人读书故事，以及图书馆里的红色故事等内容依次展开。为了更好地贴近儿童的阅读习惯，丛书在侧重科学性与知识性的前提下，注重语言文字的生动有趣，添加了生动的手绘插图，富有启发性。为了尽可能降低儿童在阅读过程中因专业词汇而产生的困惑，文中在特殊位置张贴了知识"小贴士"，帮助儿童更好地理解文中所述内容。

儿童是祖国的未来，民族的希望。在他们人生成长的关键时期，加强对他们的教育培养，是关系到国家与民族发展的一项重大战略性任务。让孩子从小爱上阅读，相信这是家长与老师，乃至全社会的希望，更是每一位图书馆人的责任与使命担当。

许久以前，梁启超曾经写下了振聋发聩的《少年中国说》，句句声声入耳。多年后的今天，多么希望每一位翻开这套书的孩子，都能更加深入地感受到前辈的良苦用心，感受到自己肩上的责任重大。中华文明的伟大，并不仅仅在于拥有辉煌的过去，更在于拥有无限希望的当代与未来。而孩子，就是这个国家，这个民族发展的未来与命脉。真诚地希望每一位读到此书的小读者，都能对中华文明有更加深入的了解，对民族文化有更加透彻的体会。

亲爱的孩子们，来吧！让我们一起，穿越时空，去一探图书馆的究竟！

陈慧娜

2024 年 2 月于北京

前 言

在现代社会，图书馆是人们生活中非常重要的组成部分。人们去图书馆，有时候是为了利用图书馆的资源查阅资料，有时候在图书馆安静的环境里钻研学习，有时候是去参加各种活动，还有的时候就想坐在一个角落静静发呆。但你有没有想过，几百年甚至几千年前的中国古人，他们是否也会和我们一样，在一个吱吱作响的阁楼里，饱读诗书或者静静冥想？中国的图书馆是什么时候出现的？古代的"图书馆"是什么样子的？在科学技术还不那么发达的时代，"图书馆"是怎么进行图书管理的？在这本书里，我们将跟随涂涂和果果"穿越"到中国古代，探寻一座又一座承载着古老文明的藏书建筑。

中国的现代图书馆是由古代藏书楼演变而来，"藏书楼"指古代用于存书、藏书的地方，这里我们引用国家图书馆前馆长、哲学家任继愈先生在《中国藏书楼》一书中关于藏书楼的解释："从早期藏书的山洞、石室、仓房、地窖、经堂，到后期的厅室、楼房、轩阁、殿宇、书院，只要是藏书之所，皆可归之为藏书楼。常见的藏书楼除名以某某楼外，还多以某斋、堂、室、居、馆、亭、阁为名。"进入 20 世纪，随着新型图书馆的兴起，官府藏书楼和一些私家藏书楼逐渐改名为"图书馆"。对于古代藏书楼，学界已经有了深入研究和系统梳理，研究者们将中国古代藏书楼主要分为官府藏书楼、私家藏书楼、寺观藏书楼和书院藏书楼四个大类。本书主要介绍官府藏书楼和私家藏书楼。

本书选择了历史上部分官府藏书楼和私家藏书楼作为对象，带领读者们走进它们出现的时代之中，探索藏书家和藏书楼背后那些鲜为人知的秘密和故事。这些故事有的令人忍俊不禁，有的让人感动不已，有的让人由衷钦佩。

笔者在写作过程中，翻阅了大量资料，进行了多方考察，力求既还原史实又能讲得生动有趣。若有不当之处，还请广大读者批评指正。

李莹菲

2024 年 6 月

目录

上篇·名垂千古的官府藏书楼

上篇·名垂千古的官府藏书楼

官府藏书楼，顾名思义，指的是皇室或者官府藏书的地方，是中国藏书体系中的重要一环，以皇室藏书为主。皇室藏书楼的雏形是殷商时代的龟室，用来储藏刻有文字的龟甲和兽骨，这些甲骨主要用来记录殷商王室大大小小的占卜事宜。周朝的皇家藏书管理更加细致，藏书规模也有了进一步发展。此外，各诸侯国也有了自己的藏书机构，也就是说除了皇室，地方官府藏书楼也开始出现了。但是，就在藏书事业开始慢慢发展起来的时候，令人惋惜的事情发生了。

秦朝时期，秦始皇不仅没有对藏书进行系统整理和保护，反而为了统一思想，大肆进行了"焚书坑儒禁学"。加上项羽火烧秦宫时，连同秦朝的宫廷藏书一并烧光了，这一时期的古代藏书遭遇了灭顶之灾。

然而，从西汉开始，官府藏书终于迎来了命运的转折。西汉王室把秦朝作为反面教材，设立了国家藏书处，全面细致地对藏书进行梳理和管理，这对官府藏书楼的发展起到了很好的推动作用。汉朝以后的各朝各代，都效仿、沿袭汉朝对于藏书的管理制度，官府藏书楼得到了较好的发展。

随着各朝各代的建立与消亡，兴盛与衰败，官府藏书楼也在不断地发展与更迭，各自履行着自己的使命。图书文献在最早产生时，主要是用来记录皇室的言行政绩、国家制度、祭祀占卜活动等，因此，当时只有皇室和王权贵族才有藏书的条件，私家藏书、读书的风气还没有在民间盛行，皇室、官府的藏书也或多或少代表着这一朝代实行文教治国的程度。为了使官府藏书充盈，许多统治者除了继承前朝留下的图书，还会向社会广泛征集图书，例如清朝的顺治、乾隆皇帝都曾经向百姓征收图书。历代官府藏书楼都发挥着各自的作用，也有着各自不同的命运，它们有的在历史的进程中被深埋地下，有的被新的统治者一把火烧为灰烬，有的则穿越时空见证着古往今来……

接下来，我们就跟随果果、涂涂的脚步，去探寻神秘的官府藏书楼。

一

官府藏书楼的雏形——龟室

1. 寻找藏书楼最古老的印记

提到最古老的文字，人们常会想到象形文字和甲骨文。那么，最早的藏书楼又是何时出现的呢？在目前的研究中，藏书文化最早可以追溯到殷商王朝的"龟室"，至今已有 3 400 余年的历史。这里存放的典籍主要是甲骨，这些甲骨可是殷商王朝的历史文化珍宝。虽然甲骨文还算不上是真正意义上的书，但龟室可以被认为是官府藏书楼的雏形。

甲骨最早是在光绪二十五年（1899 年）年被发现的。当时，国子监祭酒王懿荣因身体不适去药铺抓药，意外发现一种叫作"龙骨"的中药上刻有一些文字符号。作为金石学家，王懿荣对这些符

王懿荣

3

号非常敏感，他凭直觉意识到这些符号可能是某种从未见过的古文字。于是，他开始在全国范围内大量收购龙骨，将市面上能找到的龙骨全部买回家进行研究。王懿荣的这一举动揭开了甲骨文化隐藏了3000年的神秘面纱，同时也让人们逐渐挖掘出藏书楼的古老历史。

通过多方探寻，甲骨文研究学者找到了甲骨的出土地点——河南省安阳市小屯村。早期村民私自挖掘甲骨并出售给药商和收藏家，在挖掘过程中，除了零星出土的甲骨外，时常会发现成批、成规律深埋在坑穴中的甲骨。1928年10月，当时的国立中央研究院历史语言研究所派出考古团队，对安阳小屯村的殷墟遗址进行了15次有计划的发掘，获得有字甲骨近25000片。

殷墟第九次挖掘场景复原图

此外，考古学家还在安阳小屯村的殷墟遗址中发现了规模宏大的宗庙式宫殿建筑，这些建筑根据功能分为上下两层，上层是作为宗庙的宫殿，用来祭祀祖先、商议国家大事。下层则是供人们居住和储存物品的坑穴，有点类似于现代的"地下室"。甲骨正是在这些"地下室"中被发现的，数量巨大并且堆放有序，种种迹象说明它们是被有意存放在此处的。因此，这些宗庙不仅是殷商王室祭祀祖先和商议国家大事的地方，同样也是储藏重要典籍的地方。根据文献记载，典籍的管理人员会将近期使用的典籍存放在宗庙中，当宗庙空间不足时，再把之前的典籍转移到专门修建的窖穴中。我们知道，现代图书馆有为读者提供图书查阅的阅览室，也有集中管理图书文献的书库，这么看来，古代宗庙管理典籍的方式与现代图书馆的管理方式存在一定的相似之处。

1977 年，考古学家又在陕西省岐山县凤雏村的早周宗庙建筑遗址中发现了超过 17 000 片甲骨，这些甲骨上记录了各种占卜内容和丰富的历史信息，包括周代的朝臣重事、与邻国的关系等，涉及许多重大历史事件。这些甲骨被称为"周原甲骨"，这些甲骨的出土印证了"龟室"在周代也是存在的。

陕西省岐山县早周宗庙建筑遗址的甲骨发掘区

2. 史官是古代的"图书管理员"?

在甲骨文和其他早期文字记载中,我们经常能见到"史"这个字。在殷商与周代的文字记录中,出现了许多与"史"相关的官职,如史、太史、内史、外史、左史、右史等。在甲骨文中,"史"是一个象形文字,它很像是一个人用右手托举着某种物品,至于托举的是什么,历史上也有很多猜测,有人认为是书籍、笔、竹简,甚至是古人用来烧灼钻制甲骨的弓钻,这些猜测都与文字典籍相关。

甲骨文"史"字

据史料记载,史官是各朝代中最博学的人,他们不仅要负责记录重大事件,还要负责编纂典籍,并加以保管,可以说身兼数职。他们还有一个别名叫"作册",指的是他们要负责起草册命,记录天子和诸侯的言行以及王朝重大事件。此外,史官还参与宗教祭祀和占卜活动,四处搜寻民间文化作品,将获取的信息整理并记录下来,然后进行编写和收藏。史官可以被认为是早期的"图书管理员",他们掌管国家档案,制定管理条例有序管理甲骨典籍,方便王室贵族和其他史官使用,从而更好地保存和传承典籍。

果果，看来史官在古代是很重要的官职。

是的，古代的史官是很受皇帝重视的。你知道吗？我国古代著名的思想家、哲学家、文学家和史学家老子，就曾经担任过史官的职务。

那老子岂不就是周朝的"图书管理员"？

聪明！老子担任的是东周末年"守藏室"的史官，"守藏室"相当于周朝的"国家图书馆"，老子可以说是周朝的"国家图书馆馆长"呢！

老子

7

3. 龟室也有自己的"库房"管理规则

在现代的图书馆书库，图书管理员会按照一定的规则和顺序排放所收藏的图书，这样便于管理和查阅。笔者在查阅资料时发现，龟室除了有专门的"图书管理员"，也像现代图书馆一样制定了相应的收藏和管理规则。在发掘殷墟遗址窖穴的过程中，考古学家通过观察窖穴和甲骨的形态及内容，推测出这些窖穴有的是有意收藏和存放甲骨的，有的则是无意埋藏和遗弃甲骨的。例如，殷墟 H3 坑是长方形的，坑内的四壁被修整得十分规整，显然是专门为存放甲骨而挖掘的。考古学家们还发现，甲骨的存放也遵循一定的规则。首先，甲骨都是单独存放在某一窖穴，不会与其他载体文献混放。在对殷墟的发掘中除了发现了甲骨，还有石器、陶器、青铜器、竹简等载体文献，但甲骨的存放与其他载体文献严格分开。

其次，用来刻写的原料甲骨和成品甲骨也会被分开管理，而练习刻写的材料和刻写错误的废料则会混杂在一起被丢弃埋藏。例如，1936 年发掘的殷墟 YH127 坑为圆形，从中共发掘出 17 000 余片甲骨。在发掘过程中，考古人员发现这些甲骨的堆放方式没有明显规律，且层层叠压得非常紧密，能够看出这个坑窖只是将不再使用的甲骨埋藏起来，而不是用来存储和管理甲骨的。

在甲骨发掘过程中，考古学家们还发现，如果需要刻写的内容特别多，一块甲骨刻不完，古人会

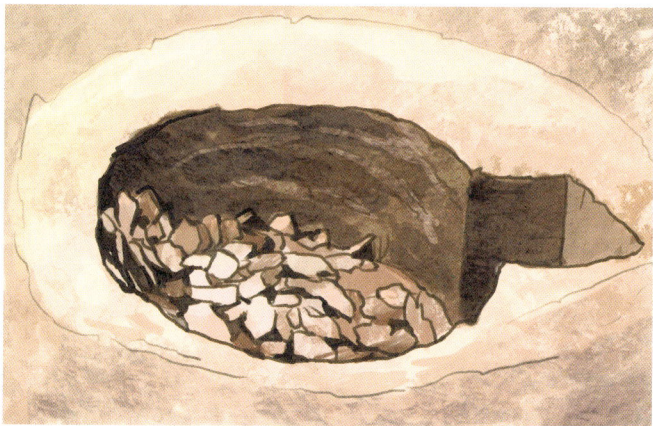

将这些内容分别刻在几块甲骨上，形成成套的甲骨。有的甲骨被制作成带孔的甲片，后人推测这些孔洞是用来穿绳的，便于整理和收藏。将长短不同的甲片用麻绳穿起来，从侧面看很像甲骨文中的"册"字。在殷墟 YH127 号坑中出土的甲骨中，发现了一块标有"三册、册凡三"的标记，意思是共有9块甲骨，每3块为一册，共有3册编集在一起。这表明，殷商王朝在进行典籍管理时，已经有意识地对甲骨进行整理分册、有序保管，龟室也具备明确的收藏和保管甲骨的功能。

4. 藏用并重——龟室也提供"阅览服务"

现代图书馆最重要的功能之一，就是为读者提供图书阅览服务。而龟室所收藏的文献典籍也同样不仅仅限于"藏"，史官们还需管理

好这些典籍，以供王室贵族和其他史官使用。要了解龟室的典藏是如何被利用的，首先需要弄清楚这些埋藏了3 000年的文化传承到底承载了哪些古老的文化，也就是要知道甲骨上记录了什么内容。

殷商王室非常迷信，无论是处理国家大事、外出打猎、农作，还是判断温度、气候以及个人的生老病死，都要先求神问卜。外出打仗要占卜战机，农事耕种要占卜气候，外出狩猎要占卜收成……并且占卜过程非常讲究，有明确的职责分工和工作流程。占卜结束后，史官会将这些内容契刻在甲骨上，因此殷墟甲骨大多记录的是占卜的情况，即"卜辞"，另外，还有少部分非占卜性质的甲骨，主要用于记事，相当于王朝档案，也就是"刻辞"。下图中的甲骨便是记载了商王狩猎时发生的一起车祸。卜辞记录的内容包括占卜的时间、人物、内容及结果预测，史官将这些刻好的甲骨收藏在龟室。过段时间，史官还会将此次占卜是否应验的结果补刻在卜辞的后面，称为"验辞"，这才算是一个完整的卜辞。那些应验的卜辞会被商王作为治理天下的依据，时常被取出验证和查看。因此，甲骨的保存和使用对商王室管理国家大事小情都有着非常重要的作用。

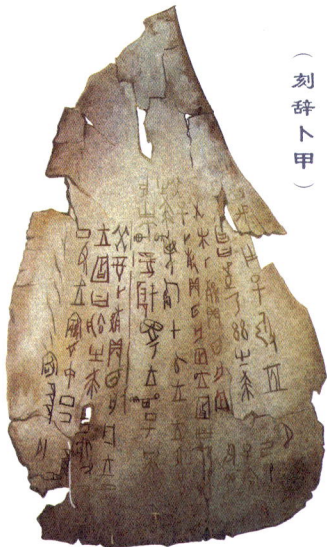

（刻辞卜甲）记载了商王狩猎时发生的一起车祸

原来商王是靠占卜来治理国家的呀!

是的,殷商王朝非常敬畏神灵,对他们来说,占卜是一件很有仪式感的事情。商王有的时候也会跟占卜人员一起分析占卜结果,预测吉时、判断吉凶。

听上去很有意思,那甲骨除了记录这些占卜的内容,还有其他的作用吗?

当然有,我们接着往后说。

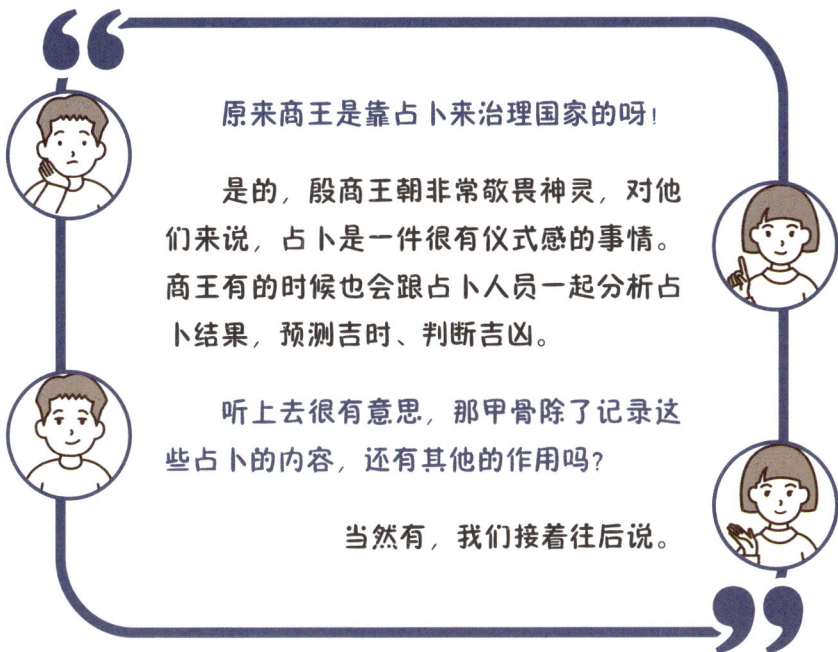

学者在研究甲骨时发现,甲骨文除了记录占卜的内容外,还记录了一些完整的干支表,这是史官占卜时用来查询日期的工具书,称为"历书"。殷商王朝已经有了完善的历法,将一年分为 12 个月,大月 30 天,小月 29 天,使用干支进行纪日。史官们占卜时会翻出"历书"查找日期,并将日期刻在卜辞的开头和结尾。

此外,甲骨中还有一些记录性的刻辞典籍,王室诸侯在遇到重大事务时,可能会亲自或通过史官到龟室查找文献记录,以作为经验参考。史官也会通过查找和引用典籍中的记载,为君王和大臣提供建议。因此,提供工具书的"阅览服务"也是龟室的重要职责之一。

二

浪漫与务实的藏书楼
——弘文馆、史馆、集贤院

"

涂涂，我发现每个朝代的藏书机构都自带那个朝代的风格呢！

怎么说？

比如唐朝的藏书机构，既体现了那个时代的浪漫与自由，又追求真理与务实。

真的吗？我最喜欢的朝代就是唐朝了，果果快带我去了解一下吧！

"

从前面的章节，我们了解到龟甲能用来记录文字。除此之外，青铜器、竹简、丝帛也曾被用来写文著书，并有着辉煌的过往，但直到东汉的蔡伦改进了造纸技术，纸质书才逐渐流行开来。因此，在唐朝的官府藏书楼里，典藏着多种材质的书籍。

在藏书机构的设置方面，我国的许多朝代在立朝之初，往往会借鉴前朝的规章制度，随着时间的推移，又会增设具有本朝风格的新机构。唐朝最初模仿魏晋南北朝，设立秘书省来负责国家的藏书。后来，弘文馆、史馆和集贤院相继出现，逐渐取代了秘书省，成为唐朝主要的官府藏书机构。这里需要说明的是，官府藏书楼并不只是用来藏书，它们往往伴随着政府机构而生，在藏书之外还发挥着其他作用。

1."多变"的弘文馆

无论对于个人，还是物品而言，名字都是非常重要的识别符号，一般情况下不会轻易更改。然而，弘文馆却是个例外。起初，它被称为"修文馆"，随后近百年的时间里，它在"弘文馆""宏文馆""昭文馆"之间反复更换名称，并有着多处馆舍。改名的主要原因是为了避讳。例如，公元705年，唐中宗李显考虑到"弘文馆"和他哥哥李弘的名讳相冲，便将其改名为"昭文馆"。直到公元719年，唐玄宗李隆基才最终将其定名为"弘文馆"。考虑到阅读的方便，本文后续皆称"弘文馆"。

小贴士

避讳。旧时等级森严，在取名、称呼、书写到君王或长辈等人的名字时，必须用谐音字、其他字，或者通过删减笔画来代替原有的字，以表达对这些人的尊敬。

弘文馆主要典藏经、史、子、集四个类别的书籍。经是经书，指儒家的经典著作；史为史书；子是指先秦百家的著作、宗教作品；集指的是文集，即诗词歌赋的汇编。除了典藏书籍这一基本职能外，弘文馆还可以算是一所贵族学校。在唐朝首都长安城工作的中高级官员的后代中，凡是喜爱读书或者读书天赋高的人，都可以进入弘文馆学习书法、儒学和历史。如果顺利通过毕业考核，弘文馆的学子们就不必参加录取率极低的科举，而是参加专门为他们设立的考试，由皇帝亲自考察和任用。

在不同帝王统治时期，弘文馆的职能也会有所变化。唐太宗时期，皇帝李世民在弘文殿旁建起弘文馆新馆舍，设立学士、校书郎、楷书手（负责书写、抄写的专职人员）、熟纸装潢匠（负责装裱和修复书画作品）等职位，其中，学士的数量最多，由唐太宗亲自挑选，主要工作是当顾问。李世民会在下朝后邀请弘文馆学士们到内殿商讨各种事务。例如，讨论文义。由于古人写作多用的是文言文，且很少使用标点符号，因此一句话的含义、语气甚至是停顿，都值得深入推敲。此外，他们还会商讨礼仪制度、农业税收、征兵打仗等政务，经常讨论到深夜才结束。

值得一提的是，李世民还是皇子的时候就非常重视学士。他在自己的王府中聘请了包括房玄龄、杜如晦在内的 18 位俊才，每天聚在一起讨论治国方略。这些被选中的学士不仅薪资丰厚，备受重视，成为人人羡慕的对象，甚至享有"登瀛洲"的美誉。李世民即位后，这 18 位学士也成了他的得力助手，为大唐盛世做出了杰出贡献。

弘文馆开馆时的情景

果果，"登瀛州"是什么意思啊？

瀛洲是传说中的海上神山，普通人很难到达。据说只要登上了瀛洲就可以成仙。用"登瀛州"来形容这 18 位学士，一方面是指他们进入王府后待遇飞升，另一方面也表达了对他们未来仕途的祝福。

真是很浪漫的祝福呢！

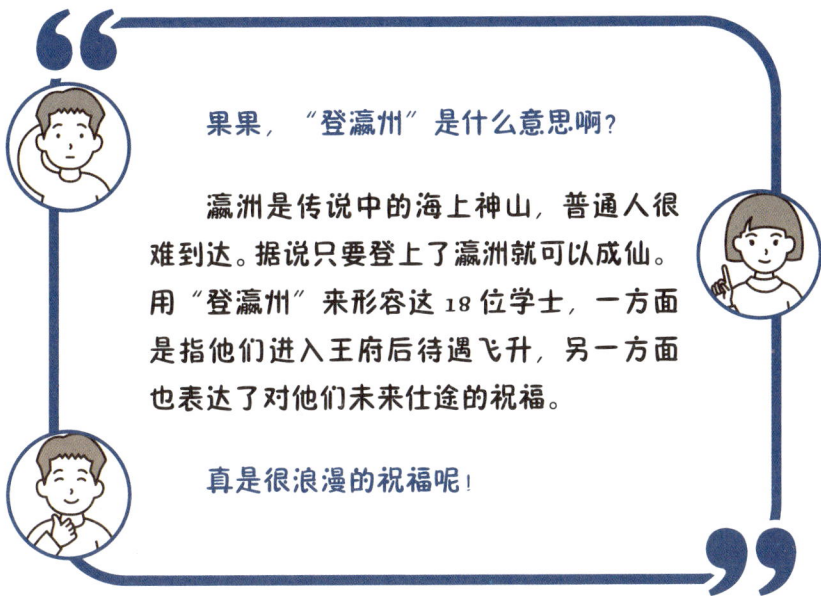

唐中宗时期，皇帝李显软弱无能，沉迷吃喝玩乐，几乎每个节日都要举办盛大的宴会。弘文馆的学士们因此将工作重心转移到写"应制诗文"以及"和（hè）诗"上面来。所谓"应制"，就是按照皇帝的要求创作诗文，和现代语文考试中的命题作文差不多。而和诗中的"和"是个动词，有应和、回应的意思，如果皇帝作了一首诗，大臣们就需要写出一首诗来回应。

在这一时期，弘文馆的学士们频繁跟随皇帝外出游玩：春天，他们到渭水（又叫渭河，黄河最大的支流）河畔洗去身上的污秽，并能获得用细柳枝编成的草环；夏夜，他们在葡萄园中用餐，享受各种美味；秋日，他们登高望远，为皇帝献上菊花酒祝寿；冬天，他们上骊山泡温泉，获得香粉、骏马和漂亮衣裳等赏赐……这些仪式感满满的活动，如今看来也是不错的四季出行攻略。游玩时，学士们还需要创作诗文，并会接受当场点评，获胜者可以获得金帛、名画，失败者则要被罚喝酒。虽然这些活动对政务没有多少助益，但学士们在作诗过程中注重对仗、平仄和押韵，无意中助推了唐朝律诗的发展和成熟。

小贴士

奉和春日幸望春宫应制

苏颋（tǐng）

东望望春春可怜，更逢晴日柳含烟。

宫中下见南山尽，城上平临北斗悬。

细草偏承回辇处，轻花微落奉觞前。

宸游对此欢无极，鸟哢声声入管弦。

白话译文：向东望去，那春天的景色十分可人，更何况又适逢晴朗的日子，成片的柳条仿佛笼罩了一层薄薄的烟雾。在望春宫可以尽览终南山的雄奇美景，向远方望去，甚至能看到长安城和北斗星。柔嫩的小草是受到了恩惠才能长在御驾的车马旁，轻巧的落花飘落在群臣宴饮的酒杯前。君王出游之时，面对此情此景，内心无比欢愉，婉转的鸟鸣与管弦乐声相和。

涂涂，你在地图上标什么呢？

找不到瀛洲，但我找到了渭水、骊山、温泉、葡萄园……今年就去这些地方旅游了！

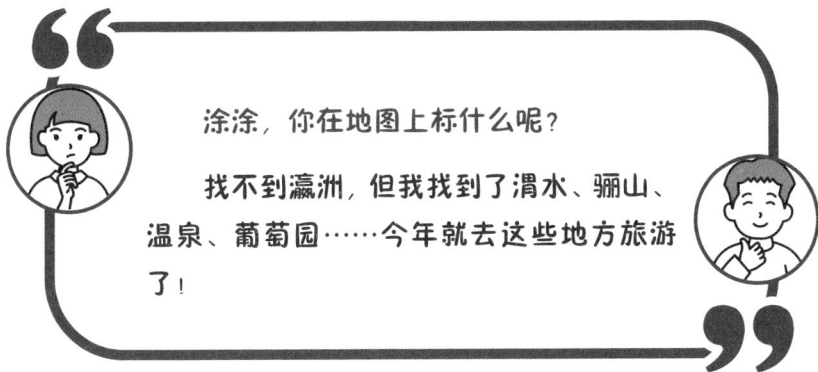

2. 地位颇高的史馆

前文说到，在唐朝，秘书省的地位已大不如前，这是因为它的一些关键职能被分割，使得它逐渐沦为一个不起眼的机构。比如，在史馆成立前，一直是秘书省的著作局来负责编修前朝和本国的史书。公元629年，史馆成立，分走了编撰国史这一重要职能，著作局便只剩下撰写碑文、祝文和祭文这些细碎的工作了。

历朝历代的史官在记录和编纂史书时，都会或多或少地"夹带私货"，拉踩前朝、吹捧本朝。然而，在唐朝史馆工作的史官却有些与众不同，他们不夸大描写好事，也不刻意隐瞒坏事，力求真实记录。人非圣贤，孰能无过，即便是帝王也会犯错，故而，史官们在记录历史时，面临的阻碍非常大，因此，获得统治者的支持至关重要。那么，支持史官的皇帝是谁呢？他就是唐太宗李世民。李世民对前朝史书的

唐太宗李世民

文风颇为不满，曾对监督修史的宰相房玄龄说："前朝史书文字浮华空洞，对劝诫后人没有好处。如今凡是在朝堂上对国事提出的建议，不管我采不采纳，你们都要如实记载。"在李世民的支持下，史官在编纂史书时都挺直了腰杆，哪怕面对其他大臣的指责，以及那些请求皇帝罢免史官的上书，他们也毫不动摇，直言不讳。

在唐朝，史馆的地位是足够高的，这还体现在其他部门的高度配合，以及史馆工作人员的工作自由度上。为了支持史馆工作，其他部门需要定期将本部门的工作记录送到史馆。无论是礼部记载的祥瑞征兆、鸿胪寺整理的附属国朝贡物品清单，还是太常寺新编的乐谱、兵部下发的军官任命文书，史馆一律先照单全收，再进行管理、编写，工作量相当大。正因如此，史官在编修史书时，工作地点非常灵活，可以在史馆内进行，也可以带回家，甚至还可以随本职工作的调动去外地修订。

史馆的藏书以前朝的历史文献、本朝的史书以及各个部门的一手资料为主，相当于现在的档案馆。史馆内部分工明确，楷书誊写、书籍装订、库房管理等事务也都有专人负责。在史馆工作不仅能遵循本心，不必写违背史实的文字，而且收入也相当丰厚。以上种种因素，使得史馆工作成为一份"美差"。唐朝有位宰相叫薛元超，他在晚年回忆生平时就曾说："我没有什么才华，虽然不缺钱，身份也尊贵，却有三件遗憾的事——一是没能参加科举考中进士；二是没能娶到李、王、郑、卢、崔五大士族家的女子；三是没能修国史。"弘文馆学士蒋乂（y ì）来自史学世家，父亲和儿子都在史馆工作，被传为佳话。可见在唐朝，编修国史是一件非常荣耀的事情。

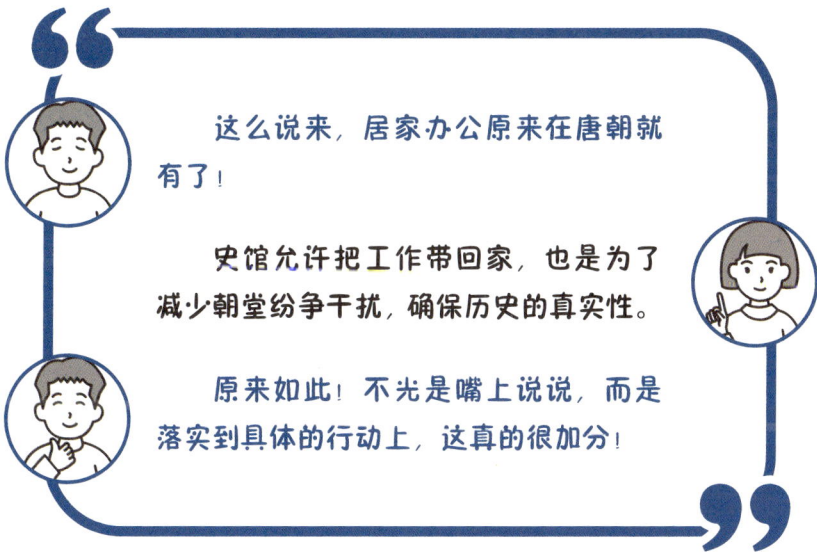

这么说来，居家办公原来在唐朝就有了！

史馆允许把工作带回家，也是为了减少朝堂纷争干扰，确保历史的真实性。

原来如此！不光是嘴上说说，而是落实到具体的行动上，这真的很加分！

3."姗姗来迟"的集贤院

集贤院和弘文馆一样，也有不少"曾用名"，这些名字都是唐玄宗李隆基所取的。最初，他把祖母武则天所建的明堂改名为"乾元院"。随后，他又将乾元院及其院中的大殿分别更名为"丽正修书院"和"集仙殿"。现在很多人提起唐玄宗，往往会关注他和杨贵妃的感情生活，但推动唐朝走向鼎盛，创造了"开元盛世"的李隆基，怎么可能只是个贪图美色的帝王？在李隆基执政早期，他励精图治，取得了显著的政绩。比如他整治了官吏制度，重用了姚崇、宋璟等；他崇尚节俭，鼓励发展经济……如此种种让大臣们折服，纷纷提议他去泰山封禅[①]。公元725年，礼部大臣递交了封禅仪式的具体细节，李隆基在集仙殿

唐朝明堂复原图，也是集贤院的所在地

①封禅：中国古代帝王在太平盛世或天降祥瑞之时，会亲自去泰山祭祀天地的大型典礼。

设宴款待他们。看到宴席上在座的众多朝中骨干，李隆基很高兴，但同时他认为集仙殿的"仙"字太过浮夸，不符合他求贤若渴的务实作风，于是便把"仙"改为"贤"，把"丽正修书院"改为"集贤殿书院"，简称"集贤院"。

集贤院和弘文馆还有一个相似之处，它们的藏书种类都以我们前面提到的四部群书（经、史、子、集）为主。不同的是，弘文馆的藏书多用来给贵族子弟当教材，而集贤院的藏书则是被用来进行文献研究的。尽管集贤院设立较晚，但由于直接听命于皇帝，其职能要比弘文馆和史馆更为丰富：在唐玄宗的主导下，集贤院整理、校对了唐太宗、唐高宗时期留下的旧书，编修了《唐六典》《群书四部录》《古今书录》《初学记》等书籍，还负责在民间搜寻稀有图书，并为唐玄宗发掘和考核潜在人才。集贤院聚集了一大批才华横溢的人士，写出了"二月春风似剪刀"诗句的贺知章，就是集贤院的学士。他的同事们也各有所长，有的文笔出众，有的擅长修书，还有的通晓古今、擅长思辨，这些人都为唐玄宗的统治立下了汗马功劳。

据记载，集贤院的藏书最多时达到了 89 000 卷，唐玄宗下旨改造命妇院（朝廷命妇所居之院）北院和太平公主住宅，新修兴庆宫集贤院和华清宫集贤院，将集贤院的书籍分馆放置，确保馆藏图书的安全。集贤院内的壁画也很有特色，绘有孔子、阴铿（kēng），竹林和仙鹤等。孔子画像体现了集贤院尊崇儒学经典的传统；阴铿是南北朝时期的诗人，李白、杜甫等唐朝著名诗人都曾学习、借鉴过他的文风；竹林和仙鹤则反映出唐朝追求雅致的审美特点。

阴铿和他的诗作《咏鹤》：

依池屡独舞，对影或孤鸣。

下动轩墀步，时转入琴声。

　　俗话说，"木秀于林，风必摧之"，集贤院学士的薪酬十分优厚，引发过其他大臣的不满和担忧。大臣陆坚就曾批评集贤院学士的收入过高，认为这是浪费国家资源，并建议唐玄宗罢免他们。这一举动遭到了集贤院学士的反驳。他们指出，自古以来，有政绩的帝王往往把钱花在享乐上，只有唐玄宗大力支持图书事业，推广文化活动，其良苦用心是陆坚无法理解的。唐玄宗得知此事后，没有采纳陆坚的提议，反倒把陆坚的待遇给调低了[1]，这件事也从侧面说明了集贤院在朝廷中的地位之高。

　　弘文馆、史馆、集贤院各自负责独立的典籍管理工作，整体上对唐朝的政治和文化生活起到了积极的推动作用。然而，到了唐朝后期，三馆之间开始借调人员，有了合并的趋势，这也为五代和宋朝时期三馆合并奠定了基础。

_____

[1] 出自《大唐新语》。

三

令人向往的北宋藏书楼
——崇文院三馆秘阁

"

涂涂，你知道成语"开卷有益"的含义吗？

这个难不倒我。"开卷有益"的意思是读书是有好处的。

哎哟，不错哦！那你知道与它相关的典故吗？

这个嘛……嘿嘿，果果快给我讲讲吧！

"

1. 开卷有益，朕不以为劳也

北宋的第二位皇帝宋太宗赵炅（jiǒng）是一位极度自律且热爱读书的人。他认为，通过阅读可以了解前朝的兴衰变迁，从而有助于本朝的教化和统治。尽管政务繁忙，他仍然坚持每天阅读三卷书，仅用一年时间就看完《太平御览》这部 1 000 卷的巨著。大臣们担心他过于劳累，劝他注意休息，但他却表示："开卷有益，朕不以为劳也。"意思是"读书是有好处的，我不觉得累！"可见他对读书的热爱。在赵炅的影响下，他的儿子宋真宗赵恒也积极推广阅读，流传至今的名句"书中自有黄金屋"便出自赵恒的《劝学诗》。

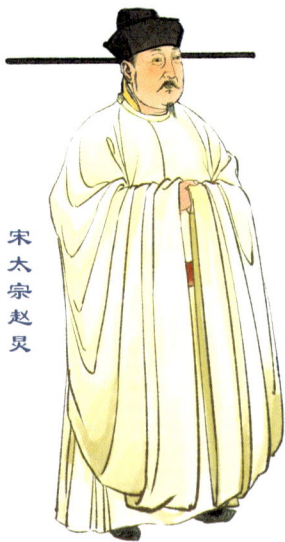

宋太宗赵炅

此外，赵炅对官方藏书机构"三馆"也十分重视。宋朝的藏书机构延续了前朝的设置，其中"三馆"分别指史馆、昭文馆[①]和集贤院。虽然赵炅的哥哥宋太祖赵匡胤在位期间，就经过多方努力将三馆的藏书量扩充到了上万卷，但他却忽视了改善三馆的藏书条件。当时，三馆的馆舍建在"周庐"，也就是警卫所旁边，环境十分简陋，来往的士兵使得这里嘈杂不堪，缺乏藏书楼应有的庄重与威严。赵炅即位后，在视察三馆时对此

[①] 宋朝的昭文馆对应唐朝的弘文馆。

感到非常痛心，认为这样的地方不配收藏天下的图书。因此，他在宫城内另选了一块风水宝地，下旨重建三馆。他不仅参与建筑设计，还频繁前往工地监督，表现出极大的重视。

在皇帝的亲自督建下，工程进展迅速，第二年便完成了新三馆的建设。新馆以琉璃瓦装饰屋顶，配以朱红的栏杆和精美的壁画。赵炅还派人移栽了不少花草，挖渠引水，使新三馆宛如置身花园，气派华丽，胜过其他宫殿。在藏书方面，新建筑中实现了每个馆都有独立的书库，基础设施也得到了完善。赵炅对此非常满意，并将新三馆命名为"崇文院"，以表达他崇尚文化治国的理念。

崇文院畅想图

为了庆祝崇文院的落成，他在院内设宴款待王公大臣，还邀请了昔日的"手下败将"南唐后主李煜。或许有人会问，为什么要请一个前朝的皇帝？这自然是为了炫耀，因为崇文院里收藏了不少前朝的宫廷藏书。在宴席上，赵炅对李煜说："朕听说你在江南时也爱好读书，这里有很多你曾经的收藏。你最近还读书吗？"这番话无疑让李煜感到心中极度不快，心理阴影面积可想而知[1]。

当然，尽管赵炅喜欢炫耀，但他对向朝廷献书的人则是另外一种态度，是非常慷慨的。这一点继承了他哥哥宋太祖赵匡胤的做法。赵匡胤规定：只要献上的书符合要求，献书人就可以参加考试，通过后便能入官。赵炅进一步升级了这一奖励政策：对献书数量较多的，按照之前的规定进行考核并授予官职；对献书量一般的，朝廷则以高于市场价的价格购买；对于实在不愿意献书但他们的书朝廷确实需要的，则会借走并派人抄写，抄完后再归还，十分贴心。不过，朝廷并不是随便征收书籍，而是定期征集崇文院中缺少的书籍。这表明，北宋在藏书管理方面已经具备了一定的规划意识，值得肯定。

崇文院在宫城中的位置

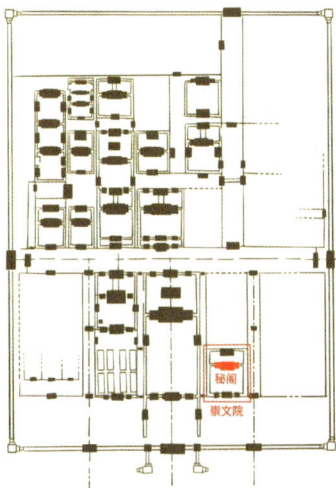

秘阁

崇文院

[1] 出自《续资治通鉴长编》。

凭借这一豪横的征书政策，赵炅不仅为崇文院征得了大量书籍，还获得了王羲之、顾恺之等众多名人的书法和绘画真迹。公元988年，赵炅下诏在崇文院中建造"秘阁"，专门存放书画珍品和珍贵书籍。至此，北宋形成了官方藏书体系——"三馆秘阁"，统称"崇文院"，也被简称为"馆阁"，这一体系极大地影响了北宋的政治和文化活动。

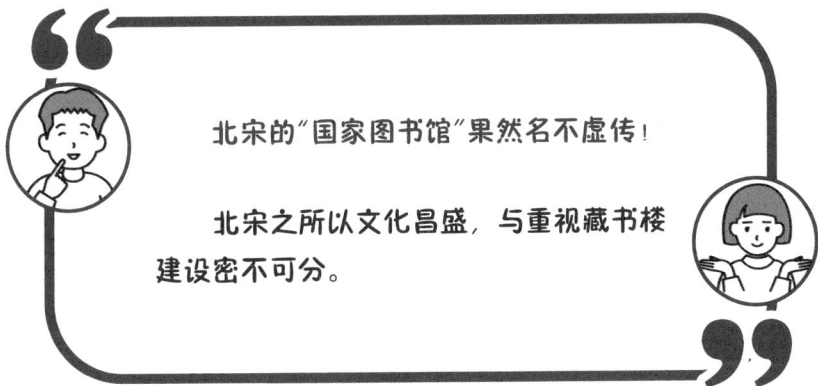

北宋的"国家图书馆"果然名不虚传！

北宋之所以文化昌盛，与重视藏书楼建设密不可分。

2. 功能强大的崇文院

三馆藏书制度起源于唐朝，最初各馆独立办公，分工明确。到了北宋，虽然三馆仍然各有侧重——史馆专注于编修历史书籍，昭文馆侧重校勘书籍，集贤院则负责搜寻书籍，但由于它们的办公地点都位于崇文院，许多事务都是馆阁成员合作完成的。这使得馆阁不仅仅是一个藏书机构，更形成了收书、编目、校勘和发行的一条龙业务。可以理解为，它将保存书籍的书库、编纂地方志的史志办、进行文献研究、开发的研究机构，以及发行图书的出版机构合为一体，功能十分强大。

小贴士

编目，是按照一定的标准，对文献进行分类和登记，方便查询和管理。

校勘，是通过对某一文献的不同版本、某一史料的不同出处进行比对，纠正其中可能存在的错别字和错误的地方，比如名字、史实等。

得益于北宋初期稳定的社会环境和统治者的大力支持，馆阁得以对收藏的图书进行大规模的校勘，无论是诸子百家图书、正史杂史，还是地理医学、佛道宗教类图书，校勘的认真程度和所花费的时间远超前代。因此，宋版书成为后世争相追捧的精品。同时，馆阁还编纂了许多书籍，其中大型资料性书籍（类书）——《太平御览》便是最著名的成果之一。《太平御览》内容丰富，分类多达55种，包括礼仪、人事等。《太平御览》与收录志怪小说的《太平广记》、记录诗词歌赋的《文苑英华》、记载历代君臣事迹的《册府元龟》，合称为"北宋四大书"。宋朝时，造纸和印刷术均已成熟，纸张取代竹简、丝帛等，成为典籍的主要载体，各类书籍得以批量印制，并通过分配、赏赐等方式传播至全国各地，甚至传到了高丽、交趾、西夏等北宋周边国家，不仅让

宋朝人读书时的场景

当时的社会养成了好读书的风气，还有效促进了文化的传播与交流。

馆阁也是北宋的人才储备库和人才培养中心。范仲淹、欧阳修、曾巩、王安石、苏轼、黄庭坚、司马光等历史上闪耀的人物，都曾在馆阁任职。据统计，到北宋中后期，三分之二的朝廷重臣出自馆阁，馆阁在北宋官场上的地位举足轻重，成为当时学子们向往的地方。

此外，馆阁还负责承办大型观书会，主要展示秘阁收藏的书画精品。从秘阁的名称就可以看出，这些藏品最初是不对外开放的。然而，宋太宗赵炅崇尚文治，对文人非常包容，且他本人也喜欢炫耀，因此大臣们若想观看秘阁藏品，便有了机会。据说秘阁刚建成时，曾有三位大臣想要进入，管理人员以他们不是馆阁工作人员为由拒绝了。然而，他们认为自己只是想看书，圣上不会怪罪，于是强行夺过钥匙打开了秘阁大门。宋太宗得知后果然没有生气，不仅允许他们在秘阁观

宋朝大臣相聚，观书交流的场景

看藏品，还特意送上美酒佳肴。大臣们既饱了眼福，也饱了口福，度过了愉快的一天①。此后，赵炅便不定期举办观书会，邀请关系好的大臣和到中原访问的外国使团，共同欣赏大宋王朝的典籍宝藏。

由于古代藏书条件有限，馆阁防虫只能通过在院内种植芸香草，并在书中夹放可防虫蛀的芸香草荚；防潮只能靠在夏季进行晒书。由晒书活动演变而成的"曝书会"，成为王公大臣们欣赏馆阁藏品、提升鉴赏水平的良机。每年农历五月份到八九月份，皇帝会设宴，馆阁敞开大门，古籍、新书、文玩、名画纷纷亮相，宴会上还设有签名榜，中级以上的大臣可以到场观赏和用餐，并留下自己的墨宝。曝书会成为北宋文化界的一大盛事，许多参加过的文人都兴致勃勃，流连忘返，并表示明年还想再来。

---

① 出自《玉壶清话》。

3.馆阁成员的多彩日常

除了观书会和曝书会，馆阁成员的日常活动也非常丰富。作为人才培养中心的馆阁，为成员们设计了一条复杂的"升级"路线。

首先，需要注意的是，馆阁并不是学校，无论是皇家子弟还是平民百姓，都必须通过专门的考试，并取得优异成绩，才能进入馆阁接受培养。

假设你生活在北宋，经过十年的寒窗苦读，终于考中进士，那么恭喜你，可以有机会去馆阁上班了！在这里，编目和校勘是你的基础工作，这将帮助你成长为一名专家学者。你会接到朝廷下发的写作任务，比如为皇帝撰写发言稿或为庆典活动撰写主持词，这些都能锻炼你的写作能力。同时，你还需要抽出时间阅读，因为皇帝会传唤你讨论政事，若肚子里没有墨水可怎么行？此外，你还会参加科举，不过这次你是考官，要负责从考场上挑选出未来的同事……如果你能出色地完成以上这些工作，大概率会被派往地方任职，掌握处理政事和与人打交道的能力。经过一番锻炼，你已经成为一个集文人、学者和官僚于一身的青年才俊，各项能力都得到了提升，具备担任宰相、尚书、殿阁学士等高级官员的实力，前途一片光明。

为了尽快适应这些培养任务，你也需要完成馆阁的特别任务，例如，值夜班。在北宋，一般下午三点就下班了，但皇帝可不管你是否下班，大晚上开会也是常有的事。因此，你和同事们需要轮流住在馆阁，随时待命。值夜班可是一项苦差事，为了防火，馆阁内是不允许

北宋的文人聚会的场景

点蜡烛的，加之皇帝一旦开会你就得立刻赶去，晚上也不能睡得太死。当然，如果实在熬不住，或者家中有事，也可以请假，只需在值班表上写下"害肚历"，意思是"我今天拉肚子，不方便值班"[1]。

此外，馆阁还有"诗文践行"的传统，如果你的同事升迁比你快，被外派到其他地方历练，你需要参加同事的送行聚会，并为他写祝福的诗，祝贺他即将高升，同时也祝愿自己早日升迁。

总的来说，在馆阁工作既有"里子"，也有"面子"。"里子"如上所述，确实能学到很多东西，而"面子"则更容易理解，地位高。皇帝常常到馆阁看书，去哪儿都喜欢带着馆阁成员，这本身就是一种

---

[1] 出自《梦溪笔谈》。

荣耀。此外，馆阁成员一年四季都能得到赏赐：春天能收到地方贡品牡丹花，夏天能得到皇帝亲笔题词的团扇，秋天能得到精细加工的食盐，冬天能得到果脯和腊肉。外国使团带来的礼物，史料价值高的会收藏在史馆，艺术价值高的会收藏在秘阁，食用价值高的则会分给馆阁成员同享。更别提上好的茶叶和酒了，这些从未间断过。宋太宗赵炅曾说过："如果不做皇帝，我宁愿去馆阁工作。"

然而，馆阁的工作真的如此完美吗？其实，馆阁成员的薪水很低，许多成员为了养家糊口，会把发到手的物品转卖换钱。然而，这并不妨碍馆阁成为北宋文人趋之若鹜的地方。到了北宋后期，馆阁的职能被削弱，后又经历了战火和改朝换代，到了南宋，馆阁未能恢复北宋时期的辉煌。不过，我们依然能从流传下来的诸多文字中，感受到馆阁曾经的耀眼，以及北宋文人丰富多彩的活动。

果果，我好想穿越回北宋，到馆阁工作。

穿越的可能性太小了。但现在 VR（虚拟现实）技术日渐发达，可以通过技术手段还原古人的生活场景动画。

四

承载两朝皇帝档案的神秘小院
——皇史宬

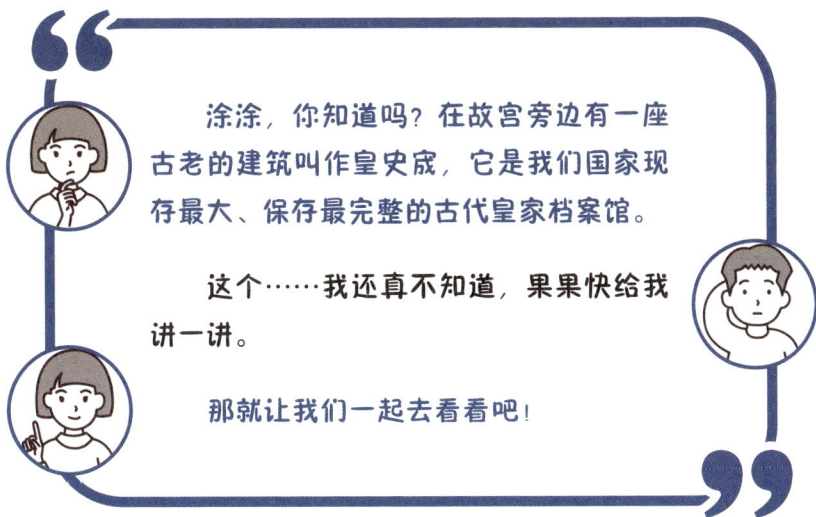

涂涂，你知道吗？在故宫旁边有一座古老的建筑叫作皇史宬，它是我们国家现存最大、保存最完整的古代皇家档案馆。

这个……我还真不知道，果果快给我讲一讲。

那就让我们一起去看看吧！

1. 几经周折终建成

明朝的开国皇帝朱元璋出生于一个贫困的农民家庭，他艰辛的成长经历让他深刻认识到文化的重要性。因此，在他登基后，十分重视教育以及文献典籍的收藏与保护。在嘉奖大臣时，他还会以图书作为赏赐，足见书籍在明朝的重要地位。在明朝270多年的统治期间，社会相对稳定，经济发展迅速，统治者积极推动图书的编纂、出版和收藏工作，形成了前所未有的藏书繁荣景象。迄今为止，世界上最大的百科全书——《永乐大典》，便是在明成祖朱棣时期编纂而成的，如今是国家图书馆的四大"镇馆之宝"之一。

明朝的藏书丰富，书籍的收藏和管理也井然有序。朝廷的藏书机构众多，如大本堂、南京文渊阁、北京文渊阁等，均设有专职秘书监负责保管图书。然而，由于藏书楼的防火设施不完善以及管理上的疏漏，曾多次发生火灾，导致大量珍贵的典籍被焚毁，这令当时的统治者和朝臣们痛心不已，他们开始思考如何才能将这些宝贵的典籍安全传承给后世。

1492年，内阁大学士丘浚率先向明孝宗上书，指出许多珍贵的皇家档案资料仅有一份，若发生意外，资料被毁，对当朝和后世都是重大损失。孝宗皇帝对此表示赞同，并认为有必要修建一个专门存放皇家档案的库房，且该库房的安全系数要高，建筑材料应选用砖石，而非木材，以确保典籍的安全。尽管孝宗皇帝认可丘浚的建议，但由于种种原因，该提议并未立即实施。

明世宗即位后，也意识到修建皇家档案库的重要性，曾下令动工，但当时因修建皇家祭祀宗庙的工期更为紧急，皇家档案库的建设再次被搁置。直到1534年，世宗皇帝计划开办实录馆，编写、抄录皇家档案资料，并在紫禁城东的小南城修建敬奉皇帝像、存放皇家档案的神御阁。同时，他重新翻阅了40年前丘浚的奏折，按照丘浚的设计方案规划了神御阁的结构和布局。经过40多年的酝酿，皇家档案库终于在当年7月17日开工，并于两年后竣工。神御阁最初规划为上下两层阁楼建筑，上层敬奉皇帝像，下层存放皇家档案。后来修建时改为一层宫殿式建筑，专门用于存放皇家档案。世宗皇帝便将"神御阁"更名为"皇史宬"。至此，"皇史宬"开启了它明清两代皇家档案资料库的历史使命。

明世宗朱厚熜

皇史宬匾额

小贴士

宬（chéng），《说文解字》中"宬，屋所容受也"，"皇史宬"是指古代皇家用于收藏史册的屋子。

39

2. "石室金匮"暗藏玄机

红墙黄瓦的"皇史宬"至今仍保持着最初建成时的样子，静静地坐落在北京东城区南池子大街南口。这座皇家建筑坐北朝南，高高的围墙将整个院子包围起来。宬内分为前院和后院，正殿位于后院中央，并设有东西配殿。皇史宬与普通宫殿的不同之处在于，它并不是直接在地基上修建的，而是在地面上先建造了2米高的石台作为二层石基，再在石基之上建造正殿，正殿周围用汉白玉雕成的围栏环绕，殿前还有宽阔的台阶，天气晴好时可以在上面晾晒书籍。

皇史宬外观

在古代，无论是寻常人家盖房子，还是建造传统的皇家宫殿，通常都会使用木材作为建筑材料，而皇史宬的正殿则完全由石头砌成，没有使用一根木材。正殿内部宽敞，顶棚用石料砌成拱形，内部同样没有梁柱。正殿的东西墙厚达 3.45 米，南北墙厚达 6.17 米，墙体占据了建筑面积的 64%。这种厚度的墙体在中国古代建筑中非常罕见，曾有传言称皇史宬的厚墙中藏有珍贵的《永乐大典》，但后来研究人员经过专业探测已否定了这一说法。殿内用石头砌成 1.42 米高的石座，上面放置储存典籍的柜子，柜子内胆为樟木或楠木，外面包裹着鎏金雕龙的铜皮，即我们所称的"金匮（ɡuì）"。每个金匮长 1.35 米、宽 0.75 米、高 1.3 米，重达 166 千克，可以说是皇家档案的保险箱。

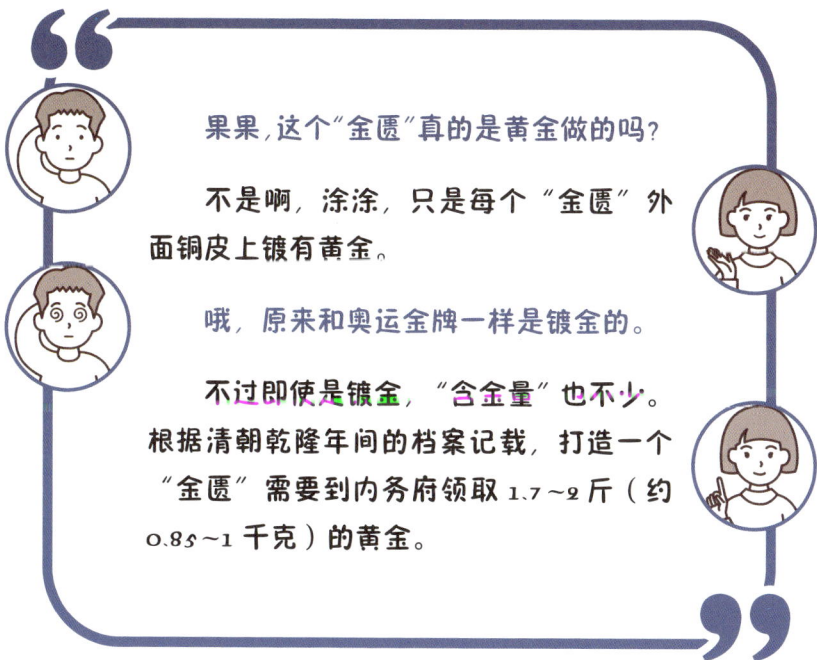

果果，这个"金匮"真的是黄金做的吗？

不是啊，涂涂，只是每个"金匮"外面铜皮上镀有黄金。

哦，原来和奥运金牌一样是镀金的。

不过即使是镀金，"含金量"也不少。根据清朝乾隆年间的档案记载，打造一个"金匮"需要到内务府领取 1.7~2 斤（约 0.85~1 千克）的黄金。

石室金匮

皇史宬每一处设计都有其深意，令人震撼。6 米多厚的墙体能够有效平衡殿内温度，确保书籍在冬暖夏凉的环境中保存；1 米多高的石座能够有效防止潮气上升；而柜子外包裹的铜皮则能防止虫害。这些精心的设计还具备防火和防霉的功能，这就是传说中"石室金匮"的绝妙之处。无论是结构巧妙的石室，还是设计合理的藏书金匮，都体现了皇家对文献典籍的重视，以及古代建筑师的独特匠心，堪称我国古代藏书建筑的典范。

自明太祖到明熹宗，皇史宬先后入藏了明朝 15 位皇帝的档案史料，记录了整个明朝的发展历程、兴衰历史。明朝灭亡后，清朝继续沿用明朝的制度，皇史宬依旧作为清朝的皇家档案库保存着皇家史料典籍。随着入藏典籍的不断增加，正殿石座上的金匮数量也增至 141 具。如今这些金匮中的皇家档案，已经被转移至中国第一历史档案馆进行保存和研究。

皇史宬在明朝隆庆二年（1568 年）和清朝嘉庆十二年（1807 年）经历了两次修缮，1982 年被国务院列为全国重点文物保护单位。自 2021 年 9 月起，皇史宬开始接待预约参观，这座历经近 500 年风雨的"神秘小院"正在逐步揭开它的面纱，走进公众的视野。

3. "宬" 中到底隐藏了哪些皇家机密？

自古以来，皇家宫廷总是被高墙环绕，与外界隔绝。在明清两代，皇史宬同样是密不对外，充满了神秘感。现在，越来越多的人怀着"猎奇"的心态走进这些皇家宫殿，试图揭开它的神秘面纱。那么，皇史宬中究竟保存了哪些皇家档案？有哪些皇家机密？让我们一起走进皇史宬，打开尘封已久的金匮，探秘古老的皇家文化。

皇史宬内部

金匮内部

每位新皇帝登基后，都会为他的"皇考"，也就是先帝，整理"御容"（皇帝的画像）《玉牒》《实录》《宝训》等宝贵资料，并妥善保存在内阁等皇家档案室。在皇史宬竣工的第7天，当时的学士李时便上奏世宗皇帝，认为《宝训》《实录》等记录了历代皇帝的嘉言懿行和雄才伟略的典籍，应该郑重请入档案馆。世宗皇帝对此深表赞同，于是下旨命令礼部举办隆重的入藏典礼，《宝训》《实录》正式入藏皇史宬正殿，随后记录明代皇帝家谱的《玉牒》也入藏东配殿。

小贴士

《宝训》：主要是皇帝在位期间的语录摘抄，包括皇帝下过的圣旨和政令等，主要是以为皇帝歌功颂德为主。

《实录》：顾名思义，就是对皇家、朝廷真实的记录，主要是以当朝的《起居注》和《钦录簿》等档案为基础编写而成，里面详细地记录了皇帝的言行举止、国家的大事小情。当朝事件发生的时间、内容等都有非常丰富和准确地记载，对于后人研究历史有着重要的参考价值。

《玉牒》：皇帝的族谱。

在古代，记录皇家信息的《实录》属于深宫秘密，它的编写过程受到严格的监管。为防止《实录》的内容泄露，编写完成的底稿需在专人的严密监管下运至太液池焚烧。《实录》和《宝训》入藏皇史宬后，每年农历的六月初六，若天气晴好，阳光明媚，管理人员都会小心翼翼地将这些皇家典籍拿出来晾晒。其他时间，金匮的箱子紧锁，大门紧闭，任何人不得擅自打开。我国古代皇家典籍重藏不重用的管理风格，更使这座古老建筑显得神秘而幽静。

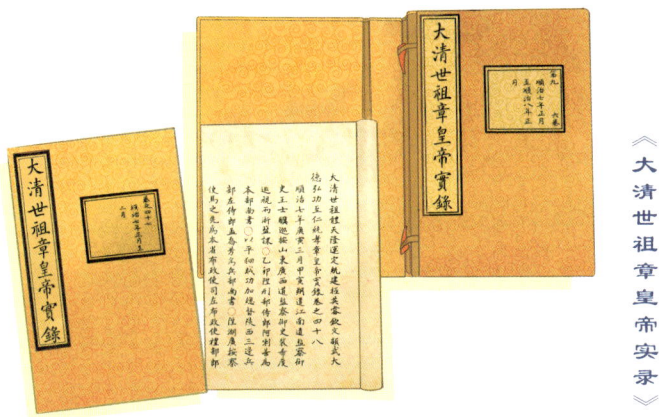

《大清世祖章皇帝实录》

4. 皇史宬中的历史巨作

除了保存机密的皇家档案，皇史宬中还曾保存过一部历史巨作——《永乐大典》。

《永乐大典》是国家图书馆的四大"镇馆之宝"之一，也是迄今为止世界上最大的百科全书。永乐元年（1403 年），明成祖朱棣下

《永乐大典》书影

令搜集当朝各类图书，并招纳朝廷和民间文人志士，共同汇编出一套"大典"。《永乐大典》的编纂队伍最多时曾达到两千余人，其内容包罗万象。编纂过程中，明成祖动用了皇家藏书楼——文渊阁的藏书，

但仍觉得不够，便派负责编纂的朝臣到各地采购图书，并吩咐不必考虑价格，遇到珍贵图书无论花多少钱都要买到。由于明成祖的重视，"大典"编纂时共搜集到从先秦到明朝永乐年间的图书七八千种，内容涵盖文学、历史、地理、哲学、宗教、科学等多个领域。"大典"历时6年编纂完成，共 22 877 卷，分装成 11 095 册，约 3.7 亿字，规模超过以往任何类书。《永乐大典》蕴含着丰富的文化内容，对中华文化的传承起到了重要作用。

据史书记载，明世宗朱厚熜，也就是嘉靖皇帝，对《永乐大典》爱不释手，书案上常年放置一两册随时翻阅。有一次紫禁城遭遇大火，嘉靖皇帝非常紧张，彻夜难眠，担心火势会波及"大典"。大火过后，嘉靖皇帝便决定重抄一份"大典"作为副本。于是，他命当时的礼部侍郎高拱负责此事，历时五年，重新抄写了一套从内容到外观基本与正本一致的副本"大典"。然而，自此之后，正本的《永乐大典》却

下落不明。关于正本的去向，众说纷纭，有人认为它被作为嘉靖皇帝的陪葬品一同埋入明陵，有人猜测它是在万历年间被大火烧毁，还有人认为它藏在了皇史宬的墙壁内，但都没有得到证实。

《永乐大典》的副本抄录完成后一直存放于皇史宬内，清朝雍正年间被转移至翰林院，此后"大典"便经历了多次厄运，先后遭遇盗窃、倒卖、焚毁和掠夺，背后的原因不仅有保管不善，而且有战乱与政治动荡等。传说八国联军攻打北京时，曾将"大典"当作砖石铺路，令人痛心不已。清朝宣统元年（1909 年），"大典"由翰林院移交给京师图书馆（今国家图书馆前身）时，原本 11 095 册的"大典"仅剩 64 册。

1990 年翰林院被烧毁之后的场景

经过后人的不断努力，如今国家图书馆收藏的"大典"数量逐渐增加，部分来自有志之士四处搜罗购买，还有来自友好国家的归还，以及国内外私人藏书家的捐赠。目前，国家图书馆收藏的"大典"已达到224册，占其存世数量的一半以上，但即便如此，现存的"大典"仍不足最初的4%。

无论是红墙黄瓦的皇家建筑，还是命运曲折的历史巨作，都穿越了时空，让我们感受到古老的文化力量和历经沧桑的中国历史。在五百年风雨飘摇的历史中，皇史宬静静坐落在紫禁城东南侧，守护着中国的文明和历史，见证着中国从古老文明到崭新时代的更迭，目睹了繁荣与衰败、战争与炮火、摧残与重生、胜利与辉煌，经历了一代又一代国人的探索与守护。如果古老的城墙有记忆，如果辉煌的宫殿会说话，它们一定有许多故事要讲述，许多感触要与世人分享。

五

内有乾坤的故宫藏书楼
——文渊阁

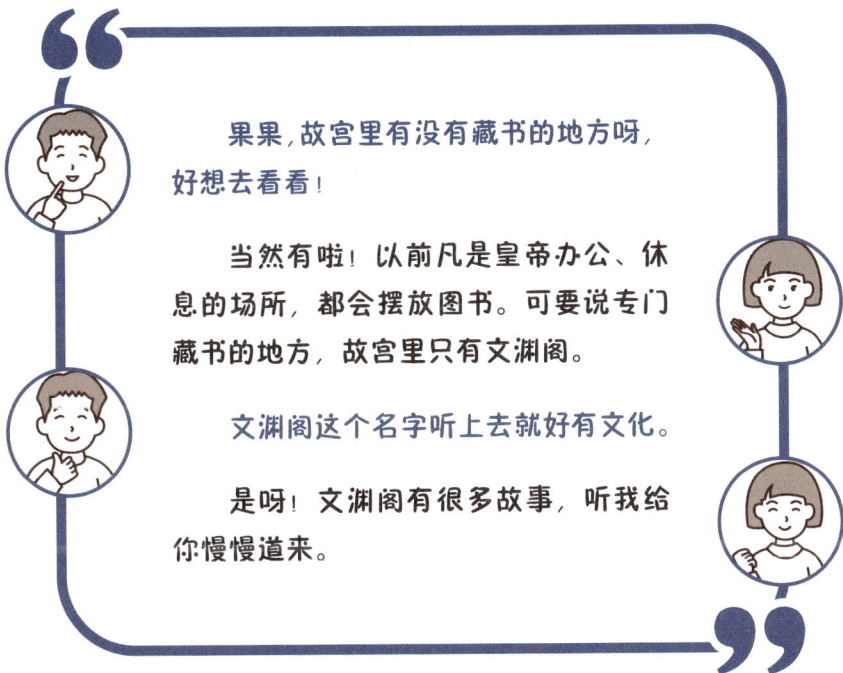

> 果果，故宫里有没有藏书的地方呀，好想去看看！
>
> 当然有啦！以前凡是皇帝办公、休息的场所，都会摆放图书。可要说专门藏书的地方，故宫里只有文渊阁。
>
> 文渊阁这个名字听上去就好有文化。
>
> 是呀！文渊阁有很多故事，听我给你慢慢道来。

1. 两朝公认的好名字

在众多藏书楼中，重名的情况非常少见。为了避免与他人重名，古人常常会费尽心思为自己的藏书楼取名。然而，中国历史上却有三座藏书楼都被命名为"文渊阁"，这种情况十分罕见。这三座文渊阁都是皇家藏书楼，各自有着不同的故事。

那么，"文渊"这个名字为何如此受欢迎呢？我们来分析一下。"文"字与书籍相呼应，而"渊"的偏旁是三点水（氵），水能灭火，因此"渊"字不仅有"渊博"的含义，表现了藏书的丰富，又寄托了人们防火的愿望。因此，"文渊"一词与藏书楼非常契合，得到了明清两朝的官方认可。

公元1368年，明太祖朱元璋在南京建立了第一座文渊阁。1421年，明成祖朱棣迁都北京后，建造了第二座文渊阁。300多年后，清朝的乾隆皇帝下旨在紫禁城中建造了第三座文渊阁。为了方便区分，本文将第一座称为"南京文渊阁"，第二座称为"北京文渊阁"，第三座称为"清朝文渊阁"。

明初，有位文武双全的将军徐达，他不仅勇猛善战，为明朝的建立立下赫赫战功，还通晓文理，注重书籍保护。在攻城时，他缴获了大量元朝宫廷的藏书，其中不乏宋、辽、金、元的精品刻本和手抄本。他没有将这些书籍焚毁，而是精心打包，将其运往南京，成为南京文渊阁的珍贵馆藏。明朝建立以后，明太祖朱元璋也多次派人到各处收购书籍，并下诏鼓励民间献书。据记载，南京文渊阁藏书有四万余册，不仅数量众多，质量也很高，这些藏书在编纂《永乐大典》时发挥了重要作用，是修书者们最主要的参考资料。北京文渊阁建成后，收藏了100柜从南京文渊阁运来的精品图书，以及明朝历代皇帝的《实录》和《宝训》。

虽然明朝的两座文渊阁相隔千里，但由于紫禁城是仿照南京宫城建造的，因此两座文渊阁在位置和建筑结构上十分类似，都位于宫城的东南方，占据十间房的面积，屋顶覆盖着黄色瓦片，屋内整齐地摆放着成排的藏书柜，还装饰有"文渊阁"字样的牌匾和孔子画像，文化氛围浓厚。为了让文渊阁的官员们更好地工作，北京文渊阁还经历了扩建，增添了休息场所和宫门围墙，形成了一个独立的院落。

明朝文渊阁畅想图

明朝的文渊阁还承担了其他职责。明太祖朱元璋废除了丞相，让殿阁大学士处理政务，办公地点就设在南京文渊阁。当时的殿阁大学士没有决策权，只负责签发公文，相当于现代的秘书。迁都北京后，明成祖朱棣赋予殿阁大学士部分事务的决策权，北京文渊阁开始被称为"内阁"，并逐渐成为机密事务的决策地和宫内禁地。大学士们上班时只能带 1～2 名帮忙书写的仆从，其他随行人员都被拦在文渊阁门外。不过，尽管北京文渊阁地位显赫，但办公条件却不尽如人意，屋内光线不足，即使白天办公也需要点蜡烛照明。

明朝皇帝经常在文渊阁举办"经筵"论坛，邀请有学问的大臣前来讲课，还会选拔青年才俊到文渊阁进修，学术氛围相当浓厚。可惜的是，明朝在文渊阁的藏书管理上做得不够到位，比如南京文渊阁经常发生偷盗、借书不还等事件。之后除了转移到北京的百柜图书外，南京文渊阁的其余馆藏全部在 1449 年的一场大火中毁于一旦。北京文渊阁也多次发生火灾，且由于藏书条件恶劣以及明末的战火，许多书籍被毁或变得残破不堪。

2.《四库全书》与清朝文渊阁

与明朝文渊阁先有藏书楼，后有藏书不同的是，清朝文渊阁则是先有藏书，后有藏书楼。清朝发展到乾隆皇帝时期，国力昌盛，乾隆便和历代鼎盛时期的帝王一样，萌生了修史编书的念头。然而，乾隆的祖父康熙皇帝已经修了一套与《永乐大典》相似的大型类书《古今图书集成》，自己再修类书的意义就不大了。因此，他决定修一套大型丛书，以经史子集为主题，进行图书筛选和收录。这四个主题被称为"四库"，这套丛书就是《钦定四库全书》，简称《四库全书》。

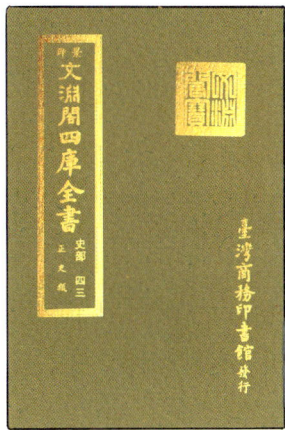

《四库全书》封面

可能有些人对"类书"和"丛书"这两个概念不太了解。其实，类书和丛书主要有两个方面的不同。首先，收录的篇幅不同。《永乐大典》是类书，编书者会从某本书中节选与某个字、词相关的内容，然后以字、词为类别进行汇总整理，可以看作是一部字典。而《四库全书》是丛书，收录的是整本书的内容。如果一本书入选，编纂者会将整本书抄录进《四库全书》中。其次，筛选标准不同。类书的筛选标准比较客观，有什么就收录什么，而丛书则带有修书者的主观评判。《四库全书》在修书过程中虽然保留了大量珍贵的典籍，却也销毁、篡改了许多对清王朝统治不利的书籍和内容，因此后世对这套书也有不少负面评价。

当然，这些负面评价在当时的乾隆皇帝看来是无关紧要的，他只在意如何超越前辈。为了实现这一目标，乾隆皇帝专门组建了修书机构——四库全书馆，并建造了文渊阁用来藏书，还把《古今图书集成》作为奖励，鼓励民众献书……在《四库全书》的编纂过程中，投入的人力、物力和时间远超历朝历代。仅从清朝文渊阁的这座建筑上，我们就能感受到乾隆帝的用心。

清朝文渊阁虽然继承了前朝文渊阁的名字，但它在建筑设计上更胜一筹，更适合藏书。作为皇家藏书楼，它既要满足皇家建筑的等级和规格，又要保证藏书条件的完整和齐备，建造难度可想而知。工人在建筑规格上参照了官方建筑指南——《工程做法》，在造型和内部构造上则借鉴了著名私家藏书楼"天一阁"，将清朝文渊阁建成了一座既符合皇家建筑标准，又具备防火、防潮、防虫功能的高水平藏书建筑。

小贴士

古代建筑等级

古人对衣服、食物、建筑等大小事物都进行了等级划分，只有符合某一阶级的人，才可以使用与他的阶级相匹配的物品。对清朝文渊阁来说，虽然它在造型上仿照了天一阁，但在屋顶、房梁、装饰等细节上又必须符合皇家建筑标准，方能凸显统治阶级的威严。

　　不仅如此，清朝文渊阁还在天一阁的基础上，设计了"夹层"这一隐藏空间。所谓夹层，是将一楼天花板较高的地方分作两层，既增加了文渊阁的藏书面积，也让文渊阁多了一些神秘色彩，因为从外观看，夹层是"不存在"的。有了这一夹层，清朝文渊阁不仅能有足够的空间存放《四库全书》和《古今图书集成》，还有富余空间用作其他用途。一楼的书架除了藏书外，还起到软隔断的作用，将一楼划分为大厅、藏书室、皇帝休息室等功能区域。夹层和二楼除了书橱外，也设置了宝座供皇帝阅读。

　　从前文中我们得知，明朝的两座文渊阁均因火灾而毁，这是一个惨痛的教训。因此，清朝文渊阁在外观装饰上也花了很多心思，处处

夹层

清朝文渊阁外观和内部夹层示意图

清朝文渊阁房梁上的彩画

体现着"防火"的理念。例如，古人讲究"五行学说"，其中"水"对应的颜色是黑色，文渊阁的整体外观采用了黑、绿、白等冷色调，以体现"以水克火"。此外，文渊阁的屋脊上雕刻了九条"螭吻"，并搭配绿色流云和白色浪花。传说螭吻是龙的第九个儿子，由龙和鱼结合而生，具有灭火的能力。此外，房梁上还绘制了图书、河马、水草等图案，与藏书楼和水相呼应……这些设计使得文渊阁在红墙黄瓦的故宫建筑群中显得格外清冷、幽静。

不过，外观装饰上的"防火"设计只是美好的愿望，要想真正防火还需要真实存在的水。工人们深知这一点，于是在文渊阁正门前凿了方形水池，把金水河的水引进来，万一火灾发生，可以就近取水灭火。

公元1776年，清朝文渊阁建成。六年后，《四库全书》编纂完成，入藏文渊阁。修书团队没有辜负乾隆皇帝的期望，《四库全书》的字数是《永乐大典》的两倍多，成为我国封建王朝历史上规模最大的文献汇编。乾隆皇帝在文渊阁举办了盛大的入藏仪式，并设置了领阁事、校理、检阅等职位对图书进行日常管理和维护。

3. 虽经战火，终得保存

　　清朝时期，文渊阁不再具备内阁议事的职能，而是转变为皇帝的专属书房，严格限制人员的进出，只有贡献突出的官员才被允许进入藏书区域阅读，且不能将图书带出。清朝延续了明朝的"经筵"论坛，并将其发展为"赐茶"典礼。这一文化盛宴的场所原本在文华殿，文渊阁建成后，改在文渊阁一楼宽敞、明亮的大厅举行。每年的二月和八月，乾隆皇帝和大臣们会聚集在文渊阁，进行学术交流，之后皇帝会赏赐奶茶给到场的大臣们，众人实现了口腹与精神的双重满足。

清朝"经筵赐茶"场景

当然，乾隆皇帝并不满足于仅在清朝文渊阁这一处收藏《四库全书》，千百年王朝更迭的残酷历史告诉他，如果没有充足的副本作为"备份"，《四库全书》无法长久流传。为此，他命人抄写了六套副本，又在全国建了六座藏书楼，分别是与文渊阁并称为"北四阁"的京郊圆明园"文源阁"、盛京皇宫（位于今辽宁省沈阳市）"文溯阁"、承德避暑山庄"文津阁"；以及"南三阁"，即镇江金山寺"文宗阁"、扬州大观堂"文汇阁"、杭州孤山行宫"文澜阁"。这六座藏书楼与紫禁城里的文渊阁结构相似，每一处都保存着一部完整的《四库全书》副本。

北四阁又称"内廷四阁"，除了文渊阁专供皇帝使用外，其他三阁可对皇室子弟开放；南三阁又称"江浙三阁"，允许世家子弟进入查阅图书。公开皇家典籍的举措虽然是为了统一思想，维护统治，但也在无意间开创了我国公共图书馆的先河。

事实证明，在没有电子设备的古代，多留副本确实是保存书籍的有效方法。在七部《四库全书》中，文源阁副本在1860年英法联军火烧圆明园时被焚毁；文宗阁和文汇阁副本在太平天国运动期间被毁。剩下的版本在战火中辗转，经过先辈的全力保护，才留存至今。其中，文渊阁正本现藏于中国台北故宫博物院，文溯阁副本现藏于甘肃省图书馆，文澜阁副本现藏于浙江省图书馆，文津阁副本现藏于国家图书馆。而清朝文渊阁这座建筑，凭借其精妙的设计和后人的修复与保护，至今仍然屹立。如今，我们可以在故宫文华殿的北侧看到它的身影，感受古人的匠心和历史的沧桑。

下篇·历史上著名的私家藏书楼

私家藏书与官府藏书对于文化传承的作用是相辅相成的。在改朝换代的过程中，官府藏书楼往往会受到严重的创伤，此时新的统治者便会向社会征集图书，因此私人藏书会作为官府藏书的补充，在政局不稳定的年代作为文化延续的重要力量。比如，在秦朝禁书的年代，即使在血腥高压的政治环境下，依然有一些民间爱书者冒着砍头的风险偷偷把书藏在山洞或地窖里，将仅剩无几的宝贵文献偷偷保存下来。又比如，在编纂《永乐大典》和《四库全书》这两部历史巨著时，官府、私家藏书也都各自体现了自身的价值。

私家藏书楼出现要比官府藏书楼晚，却是发展最快的藏书体系，它的发展与当朝统治者的管理理念，以及当时的经济状况密切相关。私家藏书楼最早出现于汉代，当时社会环境相对来说比较稳定，民间藏书政策也比较宽松。民间开始出现"书肆"（有点像现在的书店），有了图书的买卖活动，还有通过为别人抄书赚钱为生的情况。朝廷为了鼓励私人藏书，会将图书赐给有功的朝臣作为奖励，东汉末年的名臣蔡邕就曾经被奖励四千多卷图书，这些都大大刺激了私家藏书楼的出现和发展。随着隋唐科举制度和宋朝雕版印刷术的出现，纸本图书大量出现，私家藏书楼的规模和数量进入了快速发展阶段。到了明清时期，随着文明的发展和文化的积累，中国古代藏书事业的发展更是达到了巅峰。

私家藏书楼的核心是藏书家，历史上出现过很多有名的藏书家，他们有的是胸怀大志的朝廷官吏，有的是有着浪漫风骨的民间作家，有的是钟情于公益事业的归田乡绅，有的是郁郁不得志的皇室后代，有的是有着爱国情怀的青年才俊，也有富甲一方的地方商贾……他们节衣缩食、不畏艰难，想方设法通过各种方式买书、借书、抄书、刻书、藏书、传书。不管身份如何，他们都是爱书人、守书人，也是中国古老典籍和文化的传承人。这些藏书家不仅为我们留下了许多宝贵的文化遗产，也同样留下了许多有趣的藏书故事。

接下来，就让我们跟着果果、涂涂一起去了解一下吧！

六

"让国皇帝" 的私家藏书楼
——望海堂

涂涂，接下来的章节，我要带你探访私家藏书楼啦！

古代藏书事业没有现代这么发达，能建起藏书楼的古人一定非常厉害！

没错。我们先来看看望海堂，它是由"让国皇帝"耶律倍建立的……

果果，我打断一下，"皇帝"建立的藏书楼不应该是皇家藏书楼吗？

"让国皇帝"是在耶律倍过世后追封的谥号，他在世时并没有当上皇帝，看完这章你就明白了。

1. 到手的皇帝"飞"了

在中国数千年的封建王朝发展史中，中原王朝与外族之间的交流与融合从未间断。由于中原王朝早已形成较为先进的封建制度，外族统治者对中原王朝的制度和文化多持学习和效仿的态度。在中国古代丰富多彩的思想文化中，儒家思想占据主流地位，其倡导的"修身、齐家、治国、平天下"的理念，深刻影响了外族及周边国家。例如，唐末五代时期契丹族首领耶律阿保机非常推崇儒家思想，他希望自立称帝，并将契丹族从奴隶制过渡到封建制，因此对中原地区维护封建统治的儒家思想情有独钟。他的长子耶律倍在父亲的影响下，也对儒家文化产生了浓厚兴趣，甚至更加激进，主张全面汉化契丹族，使儒家思想在契丹族中占据主导地位。

小贴士

在古代，"中国"并不是正式的国名，无论是汉民族，还是其他民族建立的中原王朝，都会自称"中国"。中原地区特指黄河中下游一带，是汉族文化、中华文明的发源地，也是中原王朝的主要统治区域，本章内容涉及多个民族，故用中原地区来指代中国。

作为儒家思想的支持者，耶律倍时刻不忘维护儒家思想的地位。有一天，耶律阿保机在会议上询问："我打算祭拜伟大的先贤，优先拜哪位比较好呢？"大臣们纷纷建议他拜佛教先贤，但耶律阿保机对此并不满意，因为他认为佛教并非中原地区的本土宗教，他更倾向于祭拜中原地区的圣贤。这时，耶律倍站出来表示，孔子是历代广受尊崇的圣人，应当优先祭拜他。耶律阿保机听后非常高兴，立刻下令在其统治的疆域内建立多个孔子庙，并让耶律倍在每年春秋两季主持祭拜仪式①。

除了在公开场合为儒家思想"代言"，耶律倍也将儒家思想作为自己的行为准则。他热爱读书，不喜争斗，但为了帮助父亲巩固地位，他十几岁便随耶律阿保机四处征战，立下赫赫战功。27岁时，父子俩率军击败渤海国，建立东丹国，耶律倍被封为"东丹王""人皇王"，负责东丹国的政务。在古代，皇子受封意味着他具备继承皇位的实力，尤其是耶律倍的政治主张与父亲一致，种种迹象表明耶律阿保机对这个儿子非常满意，想让他继承皇位。

然而，谁也没有料到，"人皇王"却是耶律倍政治生涯的巅峰。就在他受封不久，耶律阿保机突发疾病，未能留下传位诏书便离世了。耶律倍失去了敬爱的父亲，也失去了最大的"靠山"。在悲痛中，他还不得不独自面对皇位之争，而他的竞争对手、亲弟弟耶律德光背后则有以他的母亲为代表的保守派的支持。

---

①出自《辽史·义宗传》。

"人皇王"这个名字可真拗口。

汉语不是契丹族的第一语言，契丹族人刚开始使用的时候难免会不熟练，觉得好的字就想一股脑儿地用上。就跟现在有外国人给自己取的中国名字是"好厉害""真漂亮"一样。

哈哈哈，了解不同的文化真的好有意思啊！

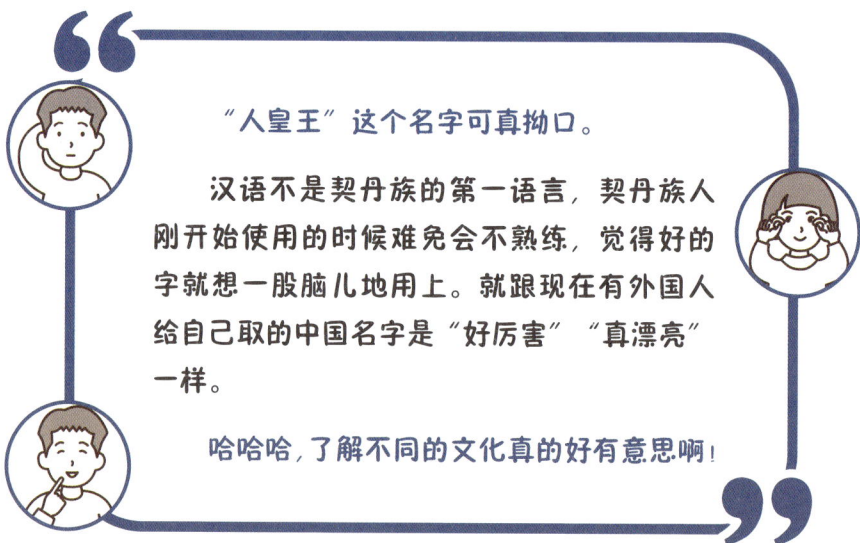

尽管儒家思想相对先进，但并非所有契丹王室成员都能支持它。按照皇长子继承制，耶律倍本该是第一顺位继承人，但如果他上位，实施的汉化改革势必会损害契丹王室和贵族的利益，这是耶律倍的母亲所不愿看到的。聪明如耶律倍，自然看得出母亲的心思。多年的儒学熏陶使他将"民贵君轻"的仁政思想铭记于心，认为争皇位会引发动荡，让百姓受苦。最终耶律倍决定退出皇位之争，让弟弟耶律德光登基。为了打消弟弟的疑虑，他还将妻儿作为人质留在宫中，自己则带着侍妾隐居于望海堂。

耶律倍

2. 东北第一座私家藏书楼

虽然耶律倍未能成为皇帝，也未得到母亲的支持和弟弟的信任，但王室子弟的身份仍然给他带来了经济上的优势，这使得他在购买书籍时无须为价格而烦恼，并在远离宫城的"北镇"医巫闾山（位于辽宁省锦州市北镇市境内）建立起当时海拔最高、藏书量达上万卷的私家藏书楼——望海堂。

望海堂位于医巫闾山的最高峰望海峰，风景秀丽、视野开阔，天气晴朗时可眺望渤海。耶律倍命人开山取石，建起三间石质建筑。据考证，望海堂的总面积达 452.4 平方米，与现在一个标准篮球场的面积差不多大。能够在山顶建起如此规模的平台式建筑，实在是令人叹服古人的智慧与能力。石质建筑具备天然的防火属性，且山顶通风条件良好，防潮效果极佳。因此，耶律倍选择的藏书地除了交通不便，堪称完美。

望海堂设想图

65

小贴士

五大镇山："五岳""五镇"均为古代名山，"五镇"如今较少被人提起，分别是："东镇"山东沂山、"南镇"浙江会稽山、"西镇"陕西吴山、"北镇"辽宁医巫闾山、"中镇"山西霍山。

隐居后，耶律倍将全部时间和精力投入书籍中。由于他的行踪受到弟弟耶律德光的严密监视，他只能派人乔装成商贩，前往中原地区购买图书。他的手下购回了道家、音律、医药等多种类型的书籍，耶律倍如获至宝，潜心研读，甚至成为这些领域的专家。他致力于传播汉文化，将《阴符经》等汉文著作翻译成契丹文，促进了民族之间的文化交流。

随着藏书量的不断增加，望海堂的空间逐渐不够了，耶律倍又在医巫闾山中挑选了一块地势平坦的地方，建立具有藏书功能的行宫桃花洞。"桃花洞"取自陶渊明的《桃花源记》，寓意世外桃源。桃花洞建成后，耶律倍和侍妾高云云搬来此处居住，过上了读书、写诗、绘画的诗意生活。

然而，耶律倍的隐居并未消除弟弟耶律德光的危机感，耶律德光依然没有解除对他的监视。公元930年，耶律倍请人在其住所雕刻了一幅名为《猎鹿》的石刻画。耶律德光得知后，立即给耶律倍扣上了"逐鹿天下，争夺皇位"的帽子，试图将其定罪。耶律倍再次选择退让。然而，背负了"谋权篡位"的罪名，他无法再留在故乡。耶律倍含泪留下"小山压大山，大山全无力。羞见故乡人，从此投外国"的诗句，借口外出打猎，带着侍妾、亲兵和一批珍贵书籍，乘船逃往当时统治中原地区的后唐，投奔后唐明宗李嗣源。

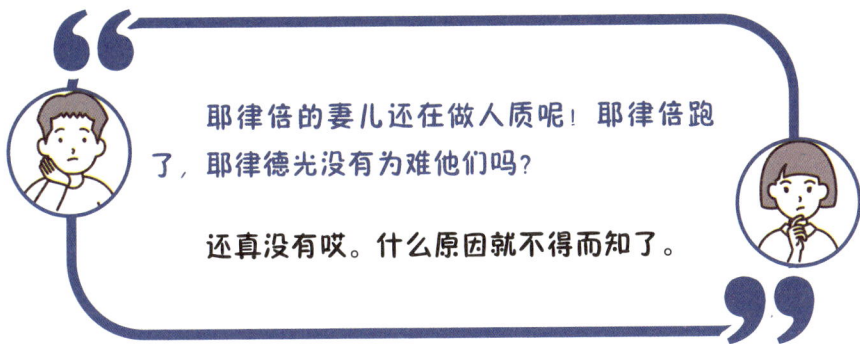

> 耶律倍的妻儿还在做人质呢！耶律倍跑了，耶律德光没有为难他们吗？
>
> 还真没有哎。什么原因就不得而知了。

耶律倍在后唐的生活相对舒适，少了弟弟的监视，他紧绷的神经得以放松。他拥有了自己的府邸，并更名为"李赞华"。从望海堂带来的许多书籍在后唐都十分少见，大臣们常常上门拜访，向他借阅书籍。在这一时期，耶律倍的绘画水平有了显著提升，他擅长描绘人物和马匹，创作了《获鹿图》《射骑》《猎雪骑》《千鹿图》等作品，这些作品生动展现了契丹族的游牧生活，充分体现了他对故土的深切怀念。

耶律倍创作的《获鹿图》局部

3. 江山王气空千劫，桃李春风又一年

公元933年，后唐皇帝李嗣源因病去世，他的儿子李从厚即位不到半年便被李嗣源的养子李从珂篡位，这种在耶律倍看来"大逆不道"的行为加速了后唐的灭亡。三年后，李从珂见朝堂动乱已无法控制，决定挑选大臣陪他一起自焚，耶律倍也在名单之中，他自然不同意，但未能逃过此劫，被李从珂派人杀害，终年38岁。十多年后，耶律倍的长子耶律阮成为辽国的皇帝，为耶律倍追封"让国皇帝"的谥号，迎回他的遗骸，葬于望海堂附近。

耶律倍短暂的一生中，有过辉煌，也有过失意，大多数时候身不由己。望海堂是他为数不多自主决定之事，从另一个层面延续了他的生命。在那一时期，中原地区政权割据、纷争不断，无数典籍毁于战火。而契丹族建立的辽国政权相对稳定，望海堂中的藏书得以妥善保存，更显珍贵。因此，在耶律倍去世后，望海堂没有被废弃。每年，辽国的皇帝、皇后都会来此祭拜先祖；辽国朝中也有许多中原人做官，他们被允许进入望海堂，翻阅书籍，增长学识，以便更好地为辽国效力；契丹族的子孙后代也在望海堂读书，接受良好教育。耶律倍建立的望海堂可谓功在当代，利在千秋，福泽万代，使医巫闾山成为辽国乃至东北地区的文化圣地。即便后期不再被称作"望海堂"，医巫闾山上后来出现的辽太子读书处、青山书屋、显州书院，也都得益于望海堂的万卷藏书。

耶律楚材读书堂复原图

耶律倍的后代继承了他好学、爱读书、热爱儒家思想的风格，为中原文化、儒家思想在东北地区的传播与普及作出了杰出贡献。耶律倍的长子辽世宗耶律阮擅长作画，礼贤下士；耶律倍的四世孙辽圣宗耶律隆绪十岁时便能作诗，通晓音律；耶律倍的五世孙辽兴宗耶律宗真精通儒家学说，擅长画鹿……最为著名的要数耶律倍的八世孙，著名政治家和文学家耶律楚材，他被誉为"治天下匠"，主持修订了《大明历》，并有许多文学作品流传后世。耶律楚材幼时便是在医巫闾山求学，后人将他读书的地方命名为"耶律楚材读书堂"，以此激励一代又一代的学子们勤奋学习，将知识转化为生存的力量。

耶律楚材读书堂是望海堂的延续，经历千百年风雨，于20世纪80年代得以重建。如今的医巫闾山上，仍留有望海堂的遗迹，以及重建后的耶律楚材读书堂，静静诉说着契丹族昔日的荣光，讲述着书籍跨越千年的文化传承故事。

七

"一代词宗"李清照和她的藏书楼 ——归来堂

"昨夜雨疏风骤，浓睡不消残酒。试问卷帘人，却道海棠依旧。知否，知否？应是绿肥红瘦。"果果，李清照的这首《如梦令》写得真好啊！

涂涂，你知道吗？李清照填这首词的时候才 16 岁！

什么？！16 岁就作出这样的千古名篇，真不愧是"千古第一才女"啊！

李清照不仅才华卓然，她的藏书楼也是北宋第一私家藏书楼呢！

太厉害了，我迫不及待地想知道她和她的藏书楼的故事了！

1. 才女的前半生

公元1084年，李清照出生于章丘明水（今山东省济南市章丘区）一个书香门第。她的父亲李格非是苏轼的徒弟，考中进士后在朝廷任职，李格非在诗、词、散文方面皆有不俗的造诣，是"苏门后四学士"之一。虽然关于李清照母亲的身份存在争议，但不可否认的是，李清照的母亲王氏出身于京城名门望族，擅长书画和音律。在这样的书香氛围中，李清照自小便展现出过人的才华。除此之外，黄庭坚、晁补之、米芾等大家都曾给予李清照指导，并由衷称赞她的文采。

《千秋绝艳图》中的李清照

李清照也确实配得上这些赞美。她不仅能写出"和羞走，倚门回首，却把青梅嗅"这样表达细腻情感的佳作，还能创作出"何为出战辄披靡，传置荔枝多马死"这样借古讽今之作。而且她写出这些传世诗词时也才十六七岁，与现在的高中生年龄相仿，"才女"之名当之无愧。李清照随父母在汴京居住时，每当她有新词问世，汴京的文人们便争相抄录、传颂，并以收藏她的词作为荣。

小贴士

"和羞走，倚门回首，却把青梅嗅"出自《点绛唇·蹴罢秋千》。意思是：（有客人来），女孩害羞地走开，到门口时，却倚靠在门边假装嗅着青梅，并回头张望。整首词生动形象地刻画出一个天真纯洁、感情丰富却又矜持害羞的少女形象。

"何为出战辄披靡，传置荔枝多马死"出自《浯溪中兴颂诗和张文潜》。意指：为什么（唐朝军队）每次打仗都失败？因为他们的战马在运输荔枝的途中累死了。这句话借用了唐玄宗千里送荔枝给杨贵妃的典故，讽刺了唐朝统治者的奢侈淫逸，同时也暗含对当时宋朝王室不思政事、荒淫无度的批判。

18岁时，李清照与比她大三岁、同样来自书香人家的赵明诚结为夫妻。赵明诚虽出身官宦人家，却对做官毫无兴趣，而是热衷于收藏金石书画，对金石的热爱甚至到了痴迷的地步，在世家子弟中可谓一股清流。在丈夫的影响下，李清照也开始对金石产生兴趣。这项爱好耗资不菲，不仅因为金石稀有、价格昂贵，还因为他们没有转手的念头，一心只想收藏，以至于花在金石上的钱"只出不进"。刚结婚时，

73

小贴士

金石是刻有古人文字图像的金属器物、碑碣墓志，是古人用来记事颂德的非纸质载体。人们收集金石，主要是为了收集附着在金石上的文字图像，如钟鼎彝器上的铭文、群山寺庙间的石刻，用来考证和研究历史文化。

李清照没有工作，赵明诚还在太学读书，二人并无稳定收入来源，这项爱好对他们来说显得太过奢侈。

幸好，两人的家境都足够殷实，能满足他们早期的金石收购需求。据《金石录（后序）》记载，农历每月的初一和十五，赵明诚会从太学请假，带着李清照前往大相国寺集市，用典当衣物换取的钱财，在书店和古玩摊位上"淘宝"。如果带的钱不够，他们会当场拿出身上值钱的物件进行"以物换物"。对他们来说，衣服再名贵、首饰再华丽，都比不上金石书画。买到心仪的藏品后，他们还会买些瓜果蜜饯，回家后边吃边赏玩，虽然日子过得不奢华，却也十分快乐。

宋朝人在书店购书的情景

这样无忧无虑的生活持续了三五年。然而，好景不长，北宋王朝已然走下坡路，外有金兵虎视眈眈，内有朝堂纷争不断，他们夫妇及其背后的家族，先后沦为政治斗争的牺牲品。刚走上仕途的赵明诚也被夺去官职，夫妻俩在汴京甚至失去了容身之所。无奈之下，赵明诚只能带着李清照前往青州（今山东省青州市），那里有赵明诚父亲命人修筑的宅院，本是留作养老之用，没想到却成了他们的归隐之所。

2. 归来堂与《金石录》

青州有着悠久的历史，相传大禹治水时将天下分为九州，青州便是其中之一。千百年来，依山傍水的青州人才辈出，范仲淹、欧阳修等名人都曾在青州任职，因此，青州积淀了丰厚的文化底蕴。自古文人遭遇罢官，多数愤懑不平，感慨怀才不遇，期待有朝一日再获皇恩。然而，在赵明诚眼中，青州随处可见的名胜古迹就像一颗颗散落的明珠，罢官反而让他有了更多时间去发掘"宝藏"。对李清照而言，青州远离汴京，少了繁文缛节和人情往来，还有爱人、诗词相伴，能够过上如偶像陶渊明一样的归隐生活，未尝不是一件美事。她将青州住宅的书房命名为"归来堂"，自号"易安居士"，以致敬陶渊明的《归去来兮辞》，同时表达自己即使身处逆境，依然心安从容的姿态。

赵明诚的偶像则是北宋大家欧阳修。欧阳修撰写的金石学著作《集古录》开创了金石学的先河，不仅让赵明诚建立起系统的金石学研究脉络，也促使他决定编写《金石录》，立志收齐天下古文奇字，弥补

《集古录》中的疏漏，为后世留下更加严谨的金石研究资料。赵明诚后半生的闲暇时光几乎都投入到《金石录》的编著工作中，李清照则作为他的得力助手，承担了大量的编目和整理工作。归来堂也因此成为存放《金石录》以及金石书画的藏书楼。

藏书楼的藏品来源，除了夫妇二人购买得来的之外，还有家传、朋友相赠和手抄拓印。在家族尚未没落时，借助父亲赵挺之及其他做官亲戚的便利，他们能够接触到官方藏书机构三馆秘阁，抄写了许多市面上见不到的皇家藏书。在青州定居后，他们经常同游名胜、访寻古迹，拓印碑文石刻等。后来，赵明诚被重新启用做官，所得俸禄在留出日常开支后，也全部投入金石收集中，他的"寻宝"足迹遍布黄河沿线及湖广、四川等地，朝着自己的梦想奋勇前进。

对于每一件藏品，夫妇二人都会做好校对、勘误和登记，几乎

归来堂建筑外观

每天都忙到蜡烛燃尽才休息。在古代，一根家用蜡烛的燃烧时间约为
3~4 个小时，可见二人的投入和专注。随着藏品的日渐丰富，归来堂
可用来放置藏品的空间越来越少，赵明诚便命人在后院又建造多间库
房，扩大归来堂的面积。他们还制定了严格的"保存和借阅"规范：
书画在造册后会装箱上锁，以防虫、防潮，金石则放在特定的架子上，
定期擦拭保持干净；若要借阅某一件藏品，需登记后方能拿取，归还
时也需登记并放回原位；若有人弄脏、弄乱了藏品，不但会受到责罚，
还需尽可能将藏品恢复原状。

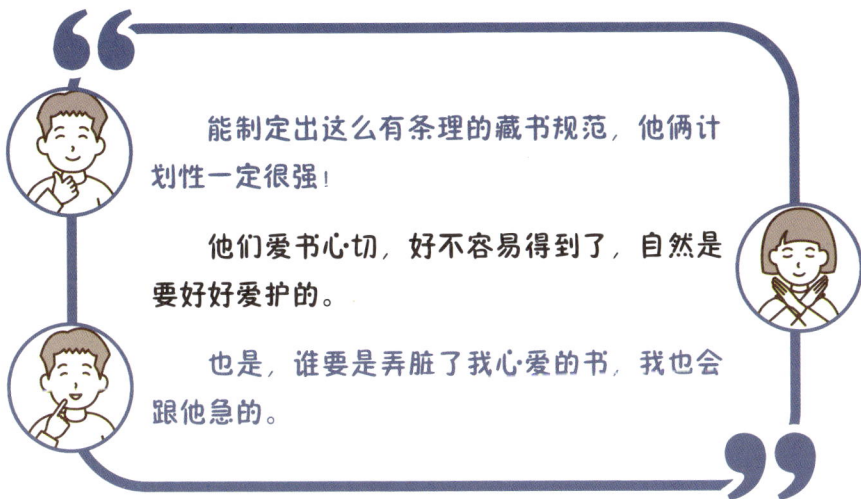

"

能制定出这么有条理的藏书规范，他俩计
划性一定很强！

他们爱书心切，好不容易得到了，自然是
要好好爱护的。

也是，谁要是弄脏了我心爱的书，我也会
跟他急的。

"

据了解，鼎盛时期的归来堂，收藏的金石有两千卷，装满了十多
间房屋；时间上跨越千年，从三皇五帝到五代十国时期的都有；范围
上突破地域限制，覆盖中原和偏远地区；字体上收录了各种古文字和
篆书、隶书等书法体；器物上收集了各种镶嵌铭文的青铜鼎和酒器编

《金石录》书影

钟；内容上更是包罗万象，诗词赋颂、文章碑志，应有尽有……丰富的藏品加上专业的管理，使归来堂成为北宋第一私家藏书楼。赵明诚和李清照也在此基础上完成了三十卷《金石录》的创作。

3. 携书辗转，半生飘零

如果没有战乱，他们二人或许会一直与金石为伴，相知相守直到终老。

李清照是个灵动之人，她爱喝酒，曾醉到"沉醉不知归路"；她爱打马吊（古代一种纸牌游戏），牌技高超，写下《打马图经》记录自己的"常胜心得"；她记忆力超群，常与赵明诚比试，看谁能准确说出某件事在书中的具体位置，精确到行，获胜的人可以先喝到好茶。此外，焚香、品茗、抚琴等高雅之事，她也十分在行，无论在文人圈还是在贵眷圈都是最闪耀的存在。

赵明诚则是个严谨之人，他认为史书多为后人所著，或多或少夹带了主观描述，而金石在史实发生时就立下了，比史书的记载更为真实可信。此外，从金石中还能探知文字、艺术的演变，具有极高的人文价值。但金石分散在各地，易受风雨侵蚀，因此他立志著书传世，为后人留下真实可考的资料。在编纂《金石录》的过程中，如果遇到残画断碑，信息不全，他宁可留下疑问，也要如实记录，不妄加揣测，这份求真的态度令人肃然起敬。

一个活泼可人，一个沉稳踏实，二人本是天作之合，翻遍史书也难以找到第二对如他们这般的神仙眷侣。可惜，没有如果。在金兵的铁骑下，在王朝的更迭中，旧王朝的百姓注定要承受流离失所的痛苦。

公元1127年，赵明诚的母亲去世。考虑到北方战事吃紧，赵明诚决定借南下奔丧的机会转移归来堂中的藏品。由于归来堂馆藏太多，无法一次性全部带走，他只能"优中选优"，先带走轻的、有款识（zhì）的、名家所著的藏品。即使筛选标准如此苛刻，仍然装满了15辆车，对于"逃亡"来说依然过于庞大。南下之路困难重重，为了防止山匪偷盗、抢掠，赵明诚派人轮流值守，确保安全。走水路时，为了防止船只走散，他命人将船只相连，一同渡江。经过数月的奔波，15车

小贴士

"款识（zhì）"一词有两个释义：第一，古代钟鼎彝器上铸刻的图案、文字；第二，书画上的落款、题名。有款识的金石书画更有收藏和考证历史的价值，所以赵明诚优先考虑转移这类藏品。

藏品终于安全抵达建康（今江苏省南京市）。

　　然而，李清照和归来堂却没有这么好的运气。按计划，李清照将在来年春天运输余下的归来堂藏品南下。然而，青州突发兵变，她只能仓皇携带少量藏品逃离。1127年11月，金人攻下青州，承载着二人毕生心血的归来堂被金人的大火烧得一干二净。

　　李清照的人生此后也彻底改变。从南下逃难的那一刻起，命运的天平再也没有偏向过她。她或许曾想过今后的日子会变得艰难，但绝未想过会如此艰难。前半生拥有的一切：家世、才华、良配、收藏，都被战火一点点夺走。

　　两年后，赵明诚病亡，李清照悲痛欲绝，甚至生了一场大病。古代女子受到诸多限制，无法自立，必须依附他人才能生存。丈夫的离去，导致李清照不仅失去了知心爱人，也失去了赖以生存的依靠。

　　为了守护余下的归来堂藏品和《金石录》初稿，李清照四处投靠，

宋代的车队和船只

甚至改嫁。然而，她的第二任丈夫张汝舟是个贪财的小人。婚后，张汝舟发现无法占有李清照的财产，也得不到她的芳心，便对李清照动辄辱骂。不仅如此，李清照还发现张汝舟试图通过作弊来骗取官职。她忍无可忍，报官告发张汝舟。虽然成功脱离了这段婚姻，但宋代法律规定，妻子状告丈夫要被判处两年徒刑。经过友人的多方搭救，加上李清照自己的名声，她才免受长期牢狱之灾。在战乱时期，人人自顾不暇，她最终未能守住大部分藏品，只能眼睁睁看着它们在颠沛流离中失散。

果果，没想到李清照的后半生过得这么凄惨，我听完真的是太难过了。

是啊，寻常人在经历这些打击后，早就一蹶不振了。但她是李清照啊，即便经历了这么多苦难，她仍然在乱世中坚韧、努力地活着，最终争取到了《金石录》的出版，了却了自己的心头大事。

要不是有《金石录》和其他史书的记载，我们又怎么能了解她命途多舛的一生和归来堂曾经的辉煌呢？

八

藏书楼中的"天下第一家"
——天一阁

南国书城

天一阁

" 涂涂，你看见那座老宅子了吗？那就是
历史上最古老的私家藏书楼之一——天一阁，
它已经有四百多岁了！

四百多岁？那一定有很多有意思的故事，
快给我讲讲。

那我们就从它的创始人范钦说起吧！ "

1. 从为官到集书———一位藏书大家的成就史

范钦

公元 1506 年，范钦出生于浙江鄞县（今浙江省宁波市）的一个普通江南人家。在叔叔的耐心教导下，他从小勤奋好学、饱读诗书，对读书、藏书甚至刻书始终保持着浓厚的兴趣。23 岁时，范钦参加乡试并中举，随后进京参加会试和殿试，27 岁时便以优异的成绩考中进士，被派往随州（今湖北省随州市）担任地方官，从此开始了他的为官生涯。

在任期间，范钦非常关心百姓的生活，重视社会治安，处理案件时始终公正无私，因此赢得了百姓的爱戴和朝廷的信任。在他 20 多年的官场生涯中，足迹遍布中国的大江南北，北至陕西、河南，南至两广、云南，东至福建、江西。每到一地，他都会收集当地的地方志，了解当地的历史与文化。此外，范钦还通过购买、抄写、交换等多种方式，尽力收集当地图书，尤其是那些其他藏书家不重视或无法获得的书籍。天一阁的藏书在巅峰时期达到 7 万余卷，主要包括地方志、政书、实录和科举录，其中许多都是极为珍贵的善本、孤本和珍本。范钦之所以能够收集到如此多的珍贵文献，既得益于他对读书和藏书的热爱，也得益于他在各地任职所获得的广泛机会。

小贴士

科举录，又叫登科录，相当于现在的同学录。封建社会非常重视"同人关系"，即同一批考上进士或者举人的人，会互相帮助提携。科举录上会详细记录同批考中人士的个人信息，便于互相了解和联络。

范钦一生清正廉洁，擅长治理地方，敢于斗争。在东南沿海任职期间，沿海的强盗猖獗，严重扰乱了当地人的生活。范钦亲自带兵抗击强盗，立下了军功，被提拔为兵部右侍郎。然而，好景不长，55岁的范钦在事业如日中天之际，却遭到御史弹劾，被嘉靖皇帝下旨革职"回籍听勘"（返回原籍，等待进一步调查和审讯），之后再无下文。幸运的是，在他为官的20余年中，除了治理地方、为百姓排忧解难外，始终保持着对藏书的热爱。被贬回原籍后，范钦虽然经历了一段苦闷的生活，但因有藏书的乐趣支撑，他很快调整了心态，将全部精力投入书籍的搜集与收藏中。

果果，御史是什么官啊？

在古代朝廷里御史本来是负责记录的史官，因为皇帝非常信任和重视他们，后来御史便负责监察和弹劾官员的过失。而且一旦官员被御史弹劾，就会先被革职遣回老家，再慢慢等待调查结果。

哎，范钦当初一定很郁闷。

明代图书价格昂贵，除了花钱购买外，范钦还与其他藏书家互相借书抄录，以丰富自己的藏书。范钦在文章中记录了一件事：他曾向扬州太守借书，想抄录后收入自己的藏书，但因生病耽误了进程。眼看还书时间将近，他拖着病体，不顾炎热天气，连续四天完成了书籍的抄录。这充分体现了范钦对书籍的痴迷与执着。他的宅院里，至今仍保留着他用来抄录的书桌。在被贬后余下的20多年时光里，这位老者穿梭于楼与书之间，呕心沥血、废寝忘食，施展着他的才华，为典籍的传承与传播打开了一扇厚重的大门。

2."天一阁"取名意在防火？

东明草堂

最初，范钦将藏书存放在自己的书房"东明草堂"，但随着藏书量不断增加，"东明草堂"逐渐放不下了。当时，范钦有一位藏书界好友叫丰坊，他的藏书楼"万卷楼"始建于宋代，藏有许多珍贵图书。不幸的是，由于管理不善，"万卷楼"遭遇了偷盗，并在一次意外中发生火灾，许多珍贵典籍在火灾中损毁，令人痛心。

这次意外事件让范钦开始思考如何保证藏书的安全与长久保存。嘉靖四十五年（1566年），他在住宅东侧建造了天一阁藏书楼。在修建天一阁时，范钦吸取了历代藏书楼遭遇意外的惨痛教训，特别重视防火和防盗。他为藏书楼取名"天一阁"，源于古书中的"天一生水，地六成之"，意思是以水克火，永保平安，这也表明了他对防火的重视。此外，范钦在藏书楼东西两侧修筑了封火墙，楼前修凿了蓄水池，称为"天一湖"。蓄水池与湖水相通，始终能保证池中有水，以备随时灭火之用。同时，他特意将藏书楼与住宅分开，四周留出空地，不种植树木、不修建假山，保持与楼的距离，增强防盗能力。

天一湖想象图

天一阁藏书楼坐北朝南，是上下两层的木结构建筑。由于一楼潮湿，不用来存书，楼上则设有一个大开间，中间由书橱分隔成 6 个小间。最西侧的小隔间作为楼梯间，最东侧因雨水而潮湿也不适合存书，仅中间 4 间用于存书。书橱前后都有门，方便在潮湿的南方天气中保持通风，去除霉气。每年三伏天，管理人员都会打开藏书楼的南北窗和书橱的前后门通风，并将柜子里的书拿到背光处晾晒，以达到防潮、除湿的效果。此外，范钦还在书橱下放置了英石以防潮，并在藏书楼内放置芸香草，这种植物独特的芳香气味能有效驱虫。

范钦真的是太用心啦！果果，那现在天一阁还是用这些办法保护书籍吗？

是的，后人一直效仿范钦的方法，放置英石，定期更换芸香草，这些保存、保护图书的方法一用就是几百年。

看来这些办法真的是很有效果！

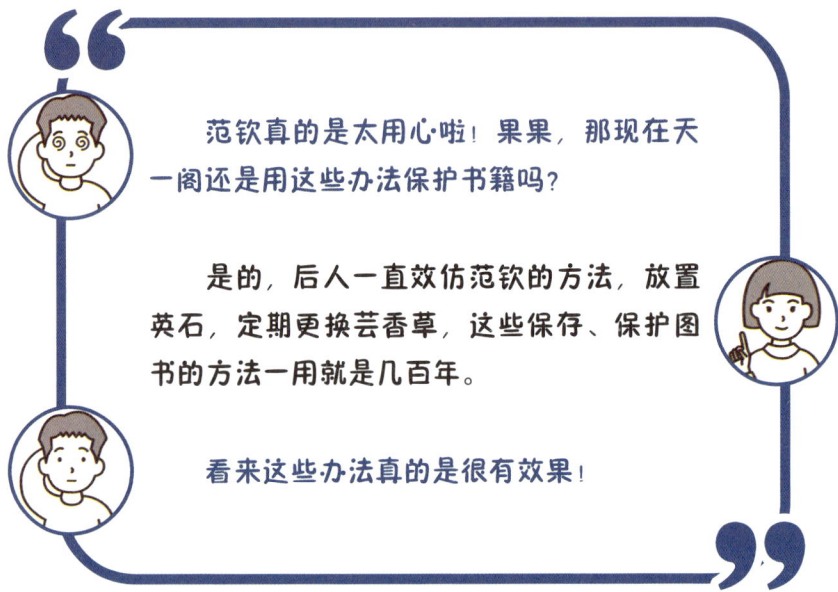

　　天一阁独特的建筑形式和丰富的藏书文化受到皇家和私家藏书楼效仿。乾隆三十七年（1772 年），清朝廷下令开始编制《四库全书》，并点名天一阁等江浙藏书家向朝廷进献藏书。范钦的后人响应号召，向皇帝进献了 638 种藏书，其中有 96 种被《四库全书》收录，另有 377 种被列入存目。范家后代因此受到乾隆皇帝的褒奖，天一阁也得到了皇帝的重视。一个月后，乾隆皇帝派人实地踏勘这座历经风雨、屹立不倒的私家藏书楼，并按照天一阁的建筑方式、管理模式、内部构造、防火防潮方法等，仿制建造了皇家藏书楼——清朝文渊阁，用于存放珍贵的《四库全书》。有了乾隆皇帝的嘉奖与推崇，天一阁声名鹊起，范钦的后人也因此获得了前所未有的殊荣。

3. 老祖宗的家训忘不得！

天一阁存世四百多年间，见证了中国古代多次改朝换代和战火纷争，为什么它能在历史中屹立不倒？这与范钦对天一阁细致、严格的管理密不可分。除了在建楼时充分考虑防火、防盗和防潮外，范钦还制定了严格的管理制度，范氏子孙必须严格遵守。经过十三代范家后人的精心守护与打理，才让我们得以见到历经风雨后的天一阁，古老而沉静，厚重而庄严。

天一阁一层楼梯口立有醒目的牌子——"烟酒切忌登楼"。走上楼梯，便能看到范氏禁约，大意是：若有范氏子孙未经允许私自登阁，处罚三次不得参与家族祭祀；若擅自带亲友入阁并打开书橱，处罚一年不得参与家族祭祀；若擅自将藏书借给外人，处罚永远不得参与家族祭祀……在中国古代，不能参与家族祭祀是一种耻辱，范氏子孙一直以守护藏书为己任和荣耀。正是因为有这样严厉的管理制度，天一阁的藏书才得到了最大程度的保存与保护。

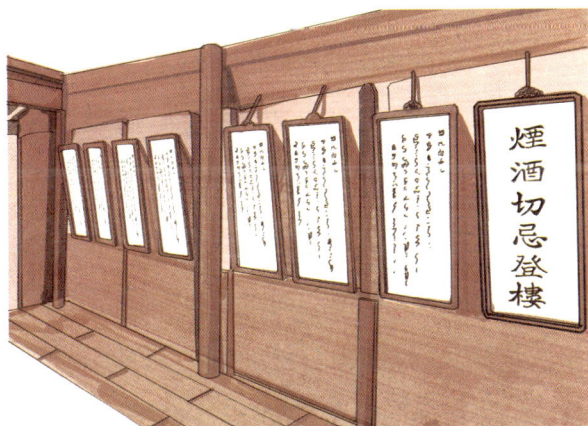

天一阁的禁约

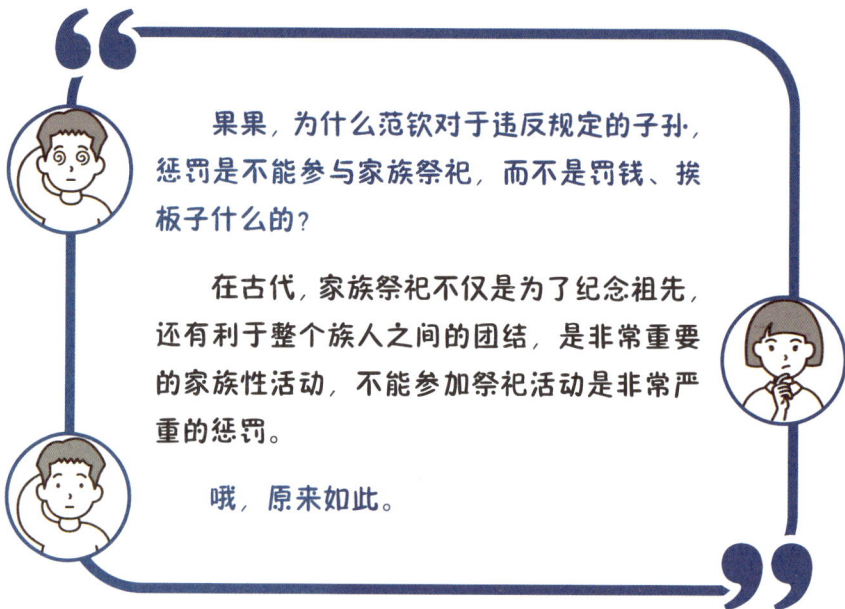

> 果果，为什么范钦对于违反规定的子孙，惩罚是不能参与家族祭祀，而不是罚钱、挨板子什么的？
>
> 在古代，家族祭祀不仅是为了纪念祖先，还有利于整个族人之间的团结，是非常重要的家族性活动，不能参加祭祀活动是非常严重的惩罚。
>
> 哦，原来如此。

在古稀之年，范钦面对自己一生的心血，担心自己离世后藏书会因子孙争夺而流失。为了确保藏书能被完整保存，同时挑选出真正爱书的继承者，他特意将家产分为两份：一份是家族藏书，一份是白银万两。范钦的二儿子早于他去世，二儿媳选择了白银万两，因此守护天一阁、传承数万卷藏书的使命便落到了大儿子范大冲身上。然而，白银总有花光的时候，二儿媳眼看着手中的钱越来越少，藏书却愈显珍贵，又听信闲言碎语，认为家里的藏书才是真正的宝贝，公爹范钦当初根本就是分家不公。这种想法导致她的心理逐渐失衡，闹着要重新分配家产，与范大冲对簿公堂，闹得沸沸扬扬。幸好家族里明事理的长辈出面调解，才将事情平息。经过与弟媳的纷争，范大冲吸取教训，立下了"代不分书，书不出阁"的规矩。天一阁的藏书世世代代归范氏子孙共同拥有、共同管理，阁楼的钥匙由各房子孙分别管理，未经各房子孙同意，任何人无法登阁打开阁门，取出藏书。这种管理方式杜绝了范氏子孙将藏书据为己有的私欲，使他们更加团结，共同守护藏书。

　　传说在清朝嘉庆年间，宁波知府的侄女酷爱读书，听闻天一阁内保存了大量珍贵藏书，于是托人向范钦第十世曾孙保媒，希望嫁入范家，好有机会一睹天一阁的藏书。新婚后，她向丈夫范邦柱提出希望登阁读书的请求，却遭到了丈夫的拒绝，原来范家早有女人不能登阁的规定，范家子孙世代遵守祖训，从不敢逾越。哪怕眼前的新婚妻子含泪恳求，希望丈夫能实现她的愿望，但丈夫在严苛的祖训面前依旧不为所动，

果果，为什么女子不能登阁？

在明代，"男尊女卑"的封建思想是非常严重的，而且古人认为"女子无才便是德"。

女子不得登楼

连连摇头。她本想借婚姻登上天一阁饱览群书，却连阁门都未能迈进，最终郁郁寡欢，不久便离世了。

天一阁之所以能在风雨飘摇的四百多年间屹立不倒，留存至今，不仅靠的是范钦终其一生的追寻与守护，更是十几代范氏子孙严守祖训、传承优良家风的坚持与付出。范钦的大家修为成就了天一阁，而范氏子孙的矢志不渝则成就了天一阁穿越古今的文化奇迹！

九

钱氏家族的藏书传承史
——从绛云楼到述古堂

1. 是嗜书如命的藏书家，也是只进不出的"吝啬鬼"

　　提到绛云楼，就不得不提明末清初著名学者和大藏书家钱谦益。明朝万历十年（1582 年），钱谦益出生在苏州府常熟县（今江苏省苏州市）的一个名门望族。他从小饱读诗书，年轻时曾在朝廷任职，但仕途并不顺利，有过多次起伏与挫折，晚年因清兵入城而剃头迎降，留下了投降清朝的污点。因此，历史上对他的评价颇具争议。

钱谦益

暂且不论他在官场上的表现如何，钱谦益在文学和藏书方面却对后世产生了深远的影响。他是杜甫的"超级粉丝"，其诗作颇具杜甫的精髓，以钱谦益为宗师形成了当时著名的虞山诗派。钱谦益酷爱读书，有人评价说："海内读书者，博而能精，上下五百年，纵横一万里，仅得三人——钱谦益、顾炎武、黄宗羲。"黄宗羲则是称赞钱谦益为"文坛最负盛名之人"。在藏书方面，钱谦益更是如痴如醉，凭借丰厚的家底和为官的收入，他年轻时便走遍大江南北，尤其热衷于收藏宋元孤本。对于心仪的珍贵藏书，他费尽心思寻找，不惜重金购买。

56岁时，钱谦益前往广陵（今江苏省扬州市）寻书，发现了一本他梦寐以求的《祝枝山书格古论卷》。见到这本书时，他激动得头晕目眩，仿佛置身于不真实的世界。然而，书籍所有者并不打算出售这本书。钱谦益多次上门求购，并托人劝说，最终用两个非常珍贵的古簋宣炉作为交换，终于得到了这本他心心念念的古书。他欣喜若狂，急忙结束了访书行程，匆匆赶回家。

为了充实钱家的藏书，他曾斥巨资购买了当时著名的四大藏书家刘凤、钱允治、杨仪、赵用贤的藏书。从此，钱谦益爱书如命，愿意花重金收集书籍的事情在常熟当地传开了，许多书商在淘到珍贵典籍后纷纷送到钱家。他的藏书行为也激励着许多文人效仿，大家都开始积极藏书、读书。

1627年一个炎热的下午，一位浙江书商声称找到了钱谦益苦苦寻觅多年的宋版《后汉书》，急忙送往钱谦益位于常熟的家中。在这之前，钱谦益已花费了千两银子购得《前汉书》（又叫《汉书》），因此在得知《后汉书》的消息后，他十分激动，在院子里来回踱步，焦急等待。在重金购得《后汉书》后，他还专门建了一个"汉典斋"来收藏这两套书。经过半生的努力，

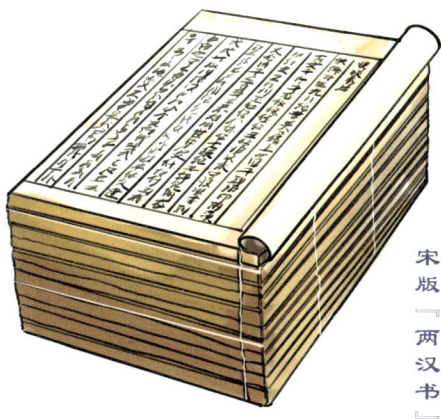

宋版"两汉书"

钱谦益积累了十万余卷图书，他的藏书规模在当时可以说是无人能及。

除了花大价钱购买珍贵典籍外，钱谦益还会向朋友借书抄录。在京师时，他有一位叫曹溶的朋友，同样热爱收藏图书，钱谦益常常到他家翻阅藏书，并借来抄录。曹溶非常慷慨，希望有机会也能去钱谦益家一睹他的丰富藏书。有一天，曹溶问道："钱兄可有《九国志》和《十国纪年》两册书，能否借我拜读抄录？"钱谦益笑着答应："有，有，有，没问题，没问题。"然而，当朋友真的上门借书时，钱谦益却变卦了，声称："我根本没有那两册书，之前只是随口一说。"曹溶非常生气，但碍于钱谦益是长辈，也不好再说什么。多年后，钱谦益的藏书楼不幸失火，许多珍贵典籍葬身火海，曹溶前来安慰，钱谦益悔恨不已，哭着对他说："当年我说没有那两种书，是我骗你的。我有惜书癖，怕借给你后就再也要不回来了，现在想想，真不如借给你，让你抄录一份，今天还能有个备份。现在是真的再也没有了啊！"

"

果果，没想到钱老先生说话会出尔反尔呢？

其实这也是古代藏书家普遍存在的一个问题，就是大家都喜欢把自己珍贵的文献典籍藏起来不给外人看，这也是古代藏书楼和现在图书馆最大的区别。

那钱老先生也真是付出了惨重的代价！

古代藏书家的这种做法也是一把双刃剑，虽然这样可以在一定程度上减少典籍的流失，但是也阻碍了文化的传播。

"

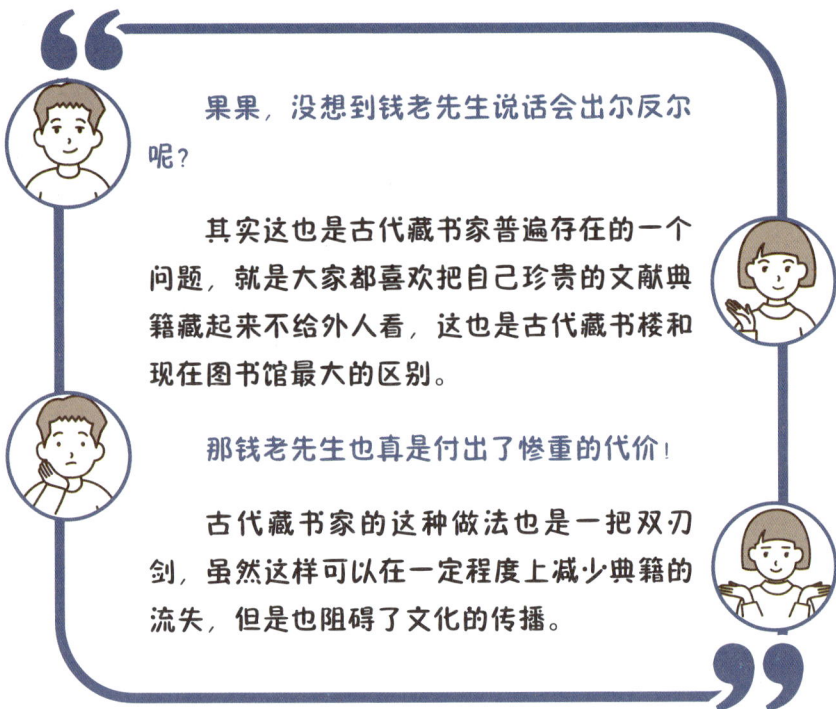

2. 藏书楼里的神仙眷侣

绛云楼的诞生源于一段才子佳人的邂逅。钱谦益 59 岁那年，一艘小船缓缓驶向他的住处——半野堂，船上站着一位 20 多岁的青衣素人，她就是被誉为秦淮八艳之首的才女柳如是。柳如是是浙江嘉兴人，因家庭贫困而流落青楼为歌姬，但她才华横溢，琴棋书画样样精通。早前，柳如是在西湖边与钱谦益相识的，那时钱谦益早就因为颇具才华而声名远扬，柳如是对他的博学钦佩不已，二人一见如故，从此难忘。

之后，两人常常互送诗文，钱谦益也表达了对柳如是的爱慕之情。由于柳如是的青楼出身，钱谦益的家人和朋友对这段婚姻并不看好，但钱谦益不顾世俗偏见，按照正妻的迎娶礼节与柳如是完成了大婚。

柳如是

结婚两年后，随着半野堂的藏书日益增多，加上钱谦益一直想为柳如是修建一座新宅，于是他花费了全部积蓄，用三年的时间在半野堂后面重修了一座新楼。新楼背靠青山，面朝溪水，整座建筑设计精美而不失气魄。钱谦益想到当年柳如是的到来犹如仙女降临，便给新楼取名为"绛云楼"。他将自己所收藏的十万余卷书籍转移到绛云楼上，装了整整73个书柜，楼下则是钱、柳夫妻的生活居所。此后，两人在绛云楼里阅读古书、整理典籍、撰文成章，过着如神仙眷侣般的生活。

钱谦益具有极强的版本鉴别能力，对各版本之间的差异了如指掌，他细致研读藏书，阅读后还会做好详细的笔记，包括书籍的版本、作者的想法、写作水平、自己的读后感等，甚至是他获得这本书的坎坷经历。柳如是呢，不仅博学多闻，还有超强的记忆力，她将藏书整理得井井有条，还经常代钱谦益查找典籍，对文章出处记得非常清楚。

绛云楼及其珍贵的藏书声名远播，许多文人墨客纷纷登门拜访，钱谦益和柳如是热情接待，与他们讨论学问、阅读经典，绛云楼里充满了书香和鸿儒们的谈笑声。

然而，由于购书和修建绛云楼的巨大开支，钱谦益的积蓄已然耗尽。在绛云楼刚建成时，他就不得不艰难地决定变卖一部分藏书以维持家用。一位门生听说后，欣然来到绛云楼，点名要购买钱谦益的至宝"两汉书"，并故意压低价格，最终以低于购入价200两白银的价格将"两汉书"买走。更让人痛心的是，在公元1640年的一个晚上，乳母带着钱谦益几岁的小女儿在楼上玩耍时，不慎将烛火打翻，落在纸张上，引发了熊熊大火。等到钱、柳夫妻惊醒呼救时，火势已经无法控制。第二天，绛云楼和半野堂全部化为灰烬，夫妻二人悲痛欲绝。钱谦益望着大火中的绛云楼大声喊道："天可烧我屋内书，不可烧我腹内书！"可以说，这场大火烧尽了钱谦益一生的心血，也毁掉了钱、柳夫妇书香满楼的幸福生活，对中国的古代藏书更是一个巨大的损失。

绛云楼想象图

3. 钱氏家族藏书事业的香火再续

虽然绛云楼被大火烧毁，好在钱谦益的故居拂水山房还有一些藏书，加上他后来又收集了一些，最后全部赠送给了他最赏识的同族曾孙——钱曾。

钱曾自小耳濡目染，从祖父那里学习收藏和校勘，并和父亲一起四处寻找和收购图书，逐渐对读书和藏书产生了浓厚的兴趣，最终成为清朝初期著名的藏书家和版本目录学家。然而，与钱谦益不同的是，钱曾没有参加科举考试、走上仕途，而是一心扑在图书事业上。由于没有官职的加持，钱曾的藏书事业困难重重。他节衣缩食，倾尽所有积蓄，经过 20 多年的努力，共收集了 4 000 多种、数万卷图书。他的藏书楼名为"述古楼"，其中以宋刻书最为特色。他对宋刻书的喜爱达到了痴迷的程度，收藏了许多绝世珍本，身边的朋友们给他起了个外号叫"宋刻迷"。钱谦益在世时曾去述古堂观摩，并在《述古堂宋刻书跋》中详细描述了述古堂收藏宋版善本的种类繁多、精美绝伦，令人叹为观止。

钱曾一生不仅痴迷于藏书，还醉心于开展善本研究。他从毕生收藏的宋元珍贵典籍中精选了 634 种精华典籍，编撰成《读书敏求记》。这套书共四册，记录了每种善本的书名、作者、卷数，并撰写了提要，内容包括书籍是否完整、版本情况、古今流传情况，以及对作者和作品的评论。其中记录的珍贵典籍有许多是世人闻所未闻的。这也是历史上首次有人开展细致的善本书目研究，对后来的学者产生了深远的影响。

小贴士

善本：是指精刻、精印、精抄、精校的难得的古书、珍贵的手稿、孤本、罕见的文献等。

果果，钱氏家族的爱书基因还真是代代相传，这才是真正的书香世家。

是的，钱家对古籍的痴迷、研究和保护，真是为后世作出了非常卓越的贡献。

嗯嗯，我们也要接过先人的接力棒，好好爱护我们宝贵的文献。

说得好极了，涂涂！

私家藏书楼向现代图书馆的转型
——古越楼

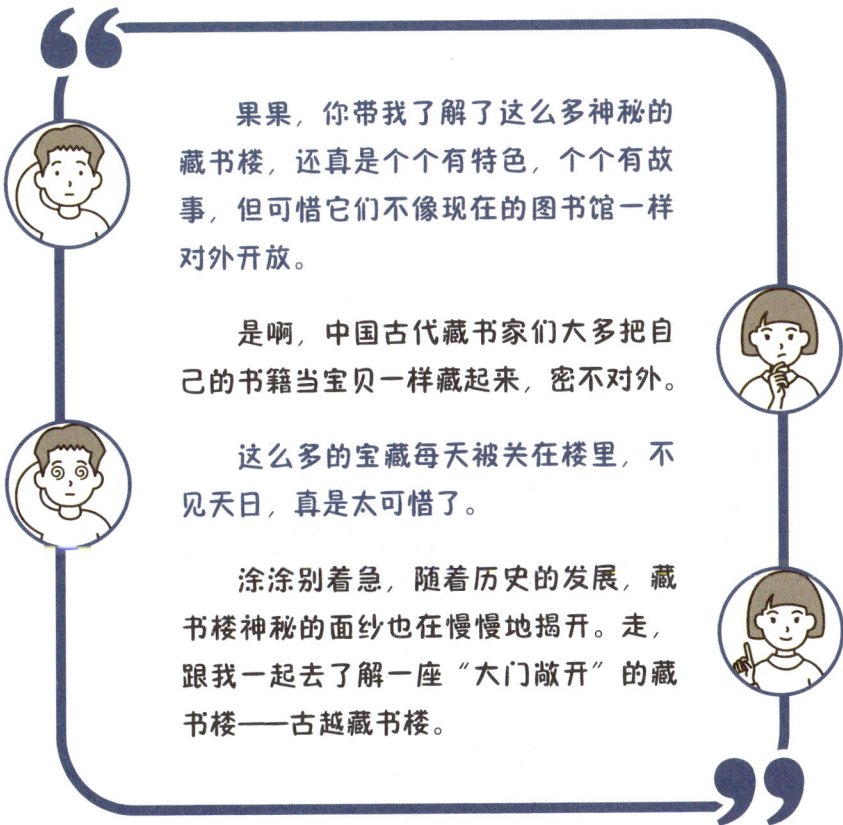

"

果果，你带我了解了这么多神秘的藏书楼，还真是个个有特色，个个有故事，但可惜它们不像现在的图书馆一样对外开放。

是啊，中国古代藏书家们大多把自己的书籍当宝贝一样藏起来，密不对外。

这么多的宝藏每天被关在楼里，不见天日，真是太可惜了。

涂涂别着急，随着历史的发展，藏书楼神秘的面纱也在慢慢地揭开。走，跟我一起去了解一座"大门敞开"的藏书楼——古越藏书楼。

"

1. 藏书楼转型第一人

提到古越藏书楼，必然要提到一个名字——徐树兰。徐树兰出生于清朝道光十七年（1837 年），是山阴（现今浙江省绍兴市）人。他的父亲曾是一位商人，家庭较为富裕，这为他日后捐款修建藏书楼奠定了物质基础。徐树兰大器晚成，39 岁时才中了举人，后来在朝廷担任兵部郎中。光绪十一年（1885 年），朝廷选用知府时，他被选为道员。

古越藏书楼

小贴士

道员：是清代的一种官职，介于省（巡抚、总督）和府（知府）之间的地方长官，相当于现在省级领导和市级领导之间的官员。清朝知府如果想升为巡抚，必须要经过道员这一级别。

徐树兰还是个大孝子，因母亲生病需要照顾，他毅然辞去所有官职回到家乡。虽然回乡后成为一名乡绅，但他并没有停下自己的事业，而是将后半生投入到家乡的公益活动中。59岁时，他与罗振玉等人在上海创立了上海农学会；60岁时，他创办了绍郡中西学堂，

徐树兰

并邀请著名教育家蔡元培主持学务，该学堂后来并入绍兴府学堂，成为现在绍兴市第一中学的前身。此外，徐树兰还为家乡修建堤坝、治理水域、筹集疫情善款、为年轻失夫的贫困妇女修建清节堂等。他回乡后全心全意为家乡作贡献，令人钦佩，在家乡享有很高的威望。然而，他一生中最令人称道的，仍然是他创办的古越藏书楼。

徐树兰为建设古越藏书楼向清廷上报的呈文

古越藏书楼在中国藏书楼发展史上占据重要地位，因为它是第一座为社会大众提供阅览服务的私家藏书楼。那这座藏书楼是如何建立的呢？

1840 年鸦片战争后，中国打开了闭关守旧的大门，兴起了一股向西方学习的潮流。清朝晚期，许多知识分子走出国门，受到西方文化的熏陶，同时将许多先进的文化思想和开放理念带回了中国。作为教育家的徐树兰在办学期间多次出国考察，深受西方文化和教育事业的震撼。他看当时到英、法、俄、德、日等国在兴建学校的同时，还建立了许多图书馆，馆内读者络绎不绝，这些国家的国势也随之蒸蒸日上。

国外游历的经历让徐树兰开阔了眼界，他意识到国家的强盛与人才息息相关，而人才的培养离不开知识的普及。当时仅靠学校无法培养足够的人才，许多平民百姓也没有机会进入学堂学习文化知识，而藏书楼在传播文化、培养人才和促进国家强盛方面具有重要作用。经过深思熟虑，光绪二十六年（1900 年），已年近 63 岁的徐树兰毅然提出建设一座藏书楼，并为其命名为"古越"。资料显示，清朝男性的平均寿命为 45 岁，63 岁已算高龄，但徐树兰依然保持着先进的思想意识、清醒的头脑和充沛的精力。他认为不仅要建藏书楼，还要改变传统藏书楼只藏书不借书的传统，让普通民众走进藏书楼，看书、识字，增长见识。如今看来，徐树兰的教育理念可谓高瞻远瞩，放在现代社会依然适用，令人敬佩。

2.满腔热血的投入，终是未竟的事业

徐树兰深知藏书楼对国家教育的重要性，决定建设一座让普通人都能走进去读书的藏书楼，他余生的全部时间和精力也都投入了这项事业中。他先是拿出 8 600 余两银子，在绍兴购置了一亩六分土地（约 1 000 平方米），细致规划了藏书楼的结构后，开始修建实体建筑。楼宇建成后，徐树兰将自己的藏书全部捐出，又拿出 23 560 两银子，购置当时市面上能买到的所有新书和报纸期刊，古越藏书楼的藏书总数达到了 70 000 多卷。也就是说，为了建造这座藏书楼徐树兰捐赠了 30 000 多两银子。据史料记载，晚清时期，一个富裕的五口之家一年的开支约为 1 000 两银子，换句话说，徐树兰为建造古越藏书楼所花费的 30 000 多两银子，可供一个富裕家庭生活 30 多年。

不仅如此，他还寻找了解图书的人员来管理藏书楼，每年拨出专款保障藏书楼的日常维护。他去世后，他的二儿子继续负责这些维护资金，为藏书楼的管理人员发放工资。可以说，徐树兰为了建成藏书楼倾尽了所有、费尽了心思。

古越藏书楼除了规划了藏书空间外，还专门设置了阅览空间，并参照当时国外图书馆的管理办法制定了科学、系统的《古越藏书楼章程》。《章程》明确表示，本楼创建宗旨有二：一曰存古，二曰开新。这意味着古越藏书楼不仅要

《古越藏书楼章程》

古越藏书楼

收藏国内的古籍和新书，还要汇聚国外有价值的图书，这一举措打破了以往藏书楼只收藏经、史、子、集等传统古籍的做法。徐树兰不仅有超前的思想，还有坚定的决心和持之以恒的毅力，没有他，就没有古越藏书楼。

不幸的是，徐树兰于光绪二十八年（1902年）因病去世，他倾注全部精力与心血的古越藏书楼也于次年建成并对外开放。藏书楼开放当天，满城欢喜，读书人纷纷奔走相告，迫不及待地走进这座楼舍，欣赏其中的藏书。根据徐树兰的遗愿，藏书楼成为学堂的辅助设施和大众的阅览胜地，对当地的文化教育起到了重要作用。遗憾的是，徐树兰未能亲眼见到自己一生夙愿的实现，未能目睹那些如饥似渴的人们在藏书楼阅读的情景，也无法想到他的大义为中国古代藏书楼向现代图书馆转变所发挥的历史性推动作用。

后人曾将徐树兰与历代藏书家进行对比，认为以往的藏书家以藏书为乐，得到一本稀有或珍贵的藏书时，都会窃喜并将书私藏，从不轻易与他人分享。而徐树兰则将自己所有的藏书提供给当地居民阅读，并没有像以往的藏书家一样，将藏书视为传家宝留给后世子孙，这种大义是以往藏书家们无法比拟的。

"

果果，我觉得徐树兰老先生好伟大，但这个故事的结尾听上去好遗憾啊！

是的，涂涂。不过虽然徐老先生带着遗憾离去，但他的精神可从来没有消失过啊！古越藏书楼不仅在楼宇建设和藏书规模上令人感叹，在图书目录编撰方式和服务理念上更是有所创新。

果果，快快继续讲讲。

"

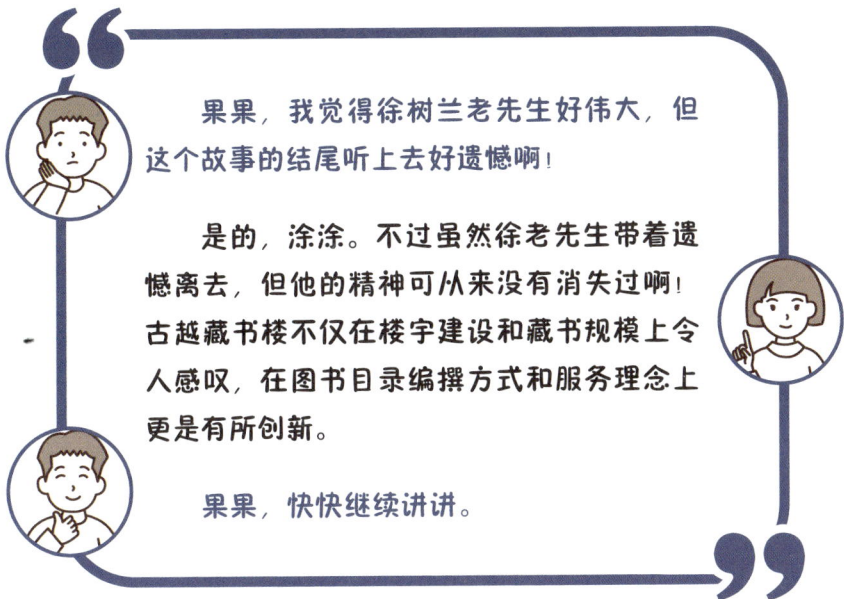

3. 藏用并重，初具读者服务理念

徐树兰在捐赠自己的藏书时，曾对这些藏书进行了系统梳理，并编写了目录。光绪三十年（1904 年），古越藏书楼的管理人员冯一梅在此基础上进行了重新编纂，重编的《古越藏书楼书目》不再沿用经、史、子、集的分类方法，而是分为"学"和"政"两大部分，其中"学"部包含23类，"政"部包含 24 类。这种分类方式在一定程度上推动了目录学的发展和变革，并得到了后来的目录学家的推崇。

《古越藏书楼书目》

小贴士

目录学："目录"由"目"和"录"组成。"目"的含义是篇目，也就是书的篇名和卷名。"录"是把一书的内容、作者生平事迹、对书的评价、校勘经过等，作扼要的文字介绍，二者合起来成为目录。

在藏书方面，古越藏书楼不仅广泛收藏国内古今图书，还收藏英国、美国、日本等外国文献，充分体现了徐树兰去旧维新的先进思想。同时，鼓励大众将私家藏书捐赠到藏书楼，这样大家可以互通有无、互相借阅，大大增强了图书的流动性。如今看来，这不就是现代图书馆中图书"漂流"活动的原始雏形吗？

古越藏书楼在读者服务方面更是细致全面，开创了"以人为本"的服务理念。阅览区设置了60个阅览座位，读者可以在每天上午9点到11点，以及下午1点到5点走进藏书楼读书。为了创造良好的阅读条件，藏书楼还免费为读者提供茶水。此外，为了节省读者的时间，藏书楼允许读者自带食材，由厨师负责烹饪加工，为读者解决了三餐问题。为了保证这些工作的正常开展，藏书楼设有自己的组织机构：总理负责统筹管理事务，相当于现在的馆长；监督负责管理支出、购买图书，考察司书以下的工作人员，相当于财务和人事；司书负责收发书籍和报纸，相当于图书馆员；司事负责记录读者出入情况，相当于门卫；杂役负责打扫卫生、购买物资、煮茶等，相当于后勤；庖丁负责为读者准备饭菜。这分明就是一家现代图书馆的管理模式。这些服务细节在当时的中国尚属首次，大大鼓励了社会大众走进藏书楼阅览图书、学习文化知识。

1989年，古越藏书楼被确定为浙江省重点文物保护单位，目前只有临街门楼仍保留着原来的样子，二层作为绍兴图书馆的分馆使用。

古越藏书楼作为传统藏书楼与近代图书馆的分界点，不仅推动了我国公共图书馆事业的发展，也对开化民风、启迪民智起到了不可磨灭的作用。徐树兰凭借一己之力成就了古越藏书楼的辉煌历史，他的光辉事迹注定在历史长河中留下浓墨重彩的一笔。

《藏书楼内部》